JN093052

アクティベート
教育学

汐見稔幸・奈須正裕［監修］

03 現代社会と教育

酒井 朗［編著］

ミネルヴァ書房

シリーズ刊行にあたって

近代という特徴的な時代に誕生した学校は、今や産業社会から知識基盤社会へという構造変化のなかで、その役割や位置づけを大きく変えつつあります。一方、2017年に告示された学習指導要領では「社会に開かれた教育課程」という理念のもと、「内容」中心から「資質・能力」育成へと学力論が大幅に拡張され、「主体的・対話的で深い学び」や「カリキュラム・マネジメント」といった考え方も提起されました。

学習指導要領前文にあるように、そこでは一人一人の子どもが「自分のよさや可能性を認識するとともに、あらゆる他者を価値のある存在として尊重し、多様な人々と協働しながら様々な社会的変化を乗り越え、豊かな人生を切り拓き、持続可能な社会の創り手となること」が目指されています。

急激に変化し続ける社会情勢のなかで、このような教育の理想をすべての子どもに実現していくことが、これからの学校と教師に期待されているのです。それは確かに要求度の高い困難な仕事ですが、だからこそ生涯をかけて打ち込むに値する夢のある生き方とも言えるでしょう。

本シリーズは、そんな志を胸に教師を目指されるみなさんが、数々の困難を乗り越え、子どもたちとともにどこまでも学び育つ教師となる、その確かな基礎を培うべく企画されました。各巻の内容はもちろん「教職課程コアカリキュラム」に準拠していますが、さらに教育を巡る国内外の動向を的確に反映すること、各学問分野の特質とおもしろさをわかりやすく伝えることの２点に特に力を入れています。また、読者が問いをもって主体的に学びを深められるよう、各章の冒頭にWORKを位置づけるなどの工夫を施しました。

教師を目指すすべてのみなさんにとって、本シリーズが、その確かな一歩を踏み出す一助となることを願っています。

2019年2月

監修者　汐見稔幸・奈須正裕

はじめに

このテキストは，現代社会のさまざまな特徴が学校教育にもたらす影響と，そこから生じる課題，ならびにそれに対応するための教育政策の動向を理解するために編まれたものです。教職課程履修者を主な対象にしていますが，将来教育行政に携わりたい方や，スクールソーシャルワーカー，スクールカウンセラーなどの仕事に就いて子どもの支援に当たりたい方，そのほか教育や子どもの問題に少しでも関心のある方に，ぜひ手に取ってもらいたいと思います。

なぜなら，子どもたちの教育や支援を進めるうえでは，社会がどのように変容し，その中で教育がどのように変わりつつあるか，子どもの生活や育ちにどのような課題が生じているのかについて，各自が主体的に深く学び，探究することが非常に重要だからです。また，今の社会でどのような価値や理念が大切にされているのかを理解することも求められています。

教職課程では「教育に関する社会的事項」について学ぶことが期待されていますが，それは上記のような考えに基づいています。残念ながら現行法の教職課程の授業科目に関する規定では，「教育に関する社会的事項」は，「制度的事項」や「経営的事項」とセットにされていて，教員免許を取るにはこれら３つのうち，いずれか１つについて学べばいいことになっています。しかし，本当に子どもの教育や支援に当たろうとする方は，３つの事項すべてをしっかり学ばなければなりません。

そのため，本書では，教育に関する社会的事項を中心に取り上げますが，それぞれのテーマに関する法規や教育行政の施策，各種の課題への対応の仕方など，教育の制度や経営に関する内容もできる限り含めて書かれています。また，学校と地域との連携や，学校安全への対応などの必須項目も含まれています。

本書の構成は大きく２部に分かれています。

第Ⅰ部「変化する学校の姿」では，近年大きく変わりつつある学校のさまざまな側面を取り上げます。ここでのねらいの1つは，自分の受けてきた教育経験を相対化するということです。誰しも皆，学校に通った経験を持ち，教室で授業を受けたり，その他のさまざまな学習活動に関わった経験があると思います。しかし，教育関係の職業を通じて出会う子どもたちや彼ら彼女らが通う学校は，自分自身の過去の経験だけで捉えることはできません。

なぜなら，教育の姿は社会の変容に伴って不断に変化し続けていますし，子どもの生活や意識も変化しているからです。これらの諸変化を的確に捉え，それをふまえてこれから自分が出会う子どもたちの教育や支援について考えなければなりません。その意味で，今日，教師やその他の教育関連の職に就く方には，反省的な思考が強く求められているのです。

第Ⅰ部の第1章，第2章は学校制度やカリキュラムの変化を見ていきます。第3章では，教育の情報化の問題を扱います。コロナ禍においても学びを止めてはならないと，各自治体は小・中学生に対してノートパソコンやタブレットを一人一台配りました。こうして教育の情報化は一気に進みましたが，そうした事態の変化は何をどう変えることになるのでしょうか。第4章は学力の問題や現代社会で求められる能力の問題を扱います。この問題も21世紀に入り社会の関心が大きく高まりました。第5章は教員養成を含めた教師教育の改革動向を振り返ります。第6章は幼児教育の変化を説明します。本書で幼児教育について一章を設けたのは，いずれの学校段階の教師を志望する方も，日本の学校教育の全体を俯瞰して見てほしいと考えるからです。さらに第7章では，学校の危機管理と学校安全の問題を取り上げます。

第Ⅱ部「学校が直面する今日的課題」では，各段階の学校が抱えている課題を検討します。それらの課題には，不登校のように生徒指導上の問題として目につきやすいものもありますが，多くの課題は意識しなければ見過ごされてしまいがちな問題であり，それだけに自覚的に課題として取り上げていかなければ解決や改善に至りません。不登校の問題を扱う際も，本書では，その問題を通して見えてきた教育機会の保障という課題を含めて論じています。

具体的に各章の内容を見ていきますと，第8章では学校と地域との連携について，とくに学校評価の実施やコミュニティ・スクールの設置の動向を取り上げます。第９章は，家庭との連携を図るために，家庭での子どもの生活の様子を各種調査から概観します。第10章は子どもの貧困の問題や児童虐待の問題を取り上げます。第11章は上記のとおり，不登校の問題を通じて，教育機会の保障の問題について検討します。第12章はマイノリティの子どもの教育問題を取り上げ，公正の実現に向けた学校改革について論じます。第13章はジェンダーの観点から学校教育を捉え直します。第14章では，共生をキーワードにして，それに関わるさまざまな教育の取り組みを見ていきます。

本書は教育社会学を専門とする研究者を中心に執筆されており，多くの章はこの学問の視点から今の教育の姿やそこに潜む課題を読み解いています。これは本書が，大学教育の一環として，学問的な見地をふまえて，現在の教育の動向やそれが抱える課題を分析的に描くことを大切にしているからです。もちろん，制度の概要など法令に基づく説明を丁寧に行っている箇所もありますが，同時に，本書ではそうした制度の今の姿を，相対化し批判的に捉えることを重視しています。

そのために本書の多くの章では，それぞれのテーマに関する時間的な経過を詳細に説明しています。これは，今ある教育の姿を相対化して眺めるには，過去からの経緯を把握することが必要だと考えるからです。また，さまざまな切り口で，教育の現実や子どもの置かれた状態を批判的（クリティカル）に見ることも重視しています。ここでの「批判的に」という意味は，対象とする事象の理解がそれで適切なのかどうかをデータや資料を確認して確かめたり，論理の展開を注意深く吟味しながら深く考えることです。今の事態を改善し，よりよい子どもの教育や支援を進めるには，現状を無批判に受け入れるのではなく，それが抱える課題を十分に認識して理解することが求められているのです。

社会全体の変容は，そこで生活するすべての人々と，その人々が担っている組織や機関に影響を及ぼします。一方で，教育という営みは意図的・計画的なものですから，単純に社会の動向に沿って変わりゆくものでもありません。変化を捉えつつ，その中で生じているさまざまな課題を克服するために，教育関係者の気づきや反省が求められており，そうした意識的な営為により，教育は改善されていきます。本書がそのために少しでも役に立てればと願っています。

2021年９月

編著者　酒井　朗

目　次

第7章 学校の危機管理と学校安全 105

第Ⅱ部　学校が直面する今日的課題

第12章　マイノリティと学校教育　189

第13章　ジェンダーと教育　207

本シリーズの特徴

シリーズ「アクティベート教育学」では，読者のみなさんが主体的・対話的で深い学びを成就できるよう，以下のような特徴を設けています。

●学びのポイント

各章の扉に，押さえてほしい要点を簡潔に示しています。これから学ぶ内容の「ポイント」を押さえたうえで読み進めることで，理解を深められます。

●WORK

各章の冒頭に「WORK」を設けています。主体的・対話的に WORK に取り組むことで，より関心をもって学びに入っていけるように工夫されています。

●導　入

本論に入る前に，各章の内容へと誘う「導入」を設けています。ここで当該章の概要や内容理解を深めるための視点が示されています。

●まとめ

章末には，学んだ内容を振り返る「まとめ」を設けています。

●さらに学びたい人のために

当該章の内容をさらに深めることができる書籍等をいくつか取り上げ，それぞれに対して概要やおすすめポイントなどを紹介しています。

●カリキュラム対応表

目次構成と教職課程コアカリキュラムの対応表を弊社ウェブサイトに掲載しています。詳細は，以下の URL から各巻のページに入りご覧ください。

〈https://www.minervashobo.co.jp/search/s13003.html〉

第Ⅰ部　変化する学校の姿

第1章

変わる学校制度

学びのポイント

- 日本の学校制度の基本的な枠組みを理解する。
- 近年の制度改革の流れが学校制度をどのように変化させたかを理解する。
- 学校教育が果たすべき役割を考える。

WORK　義務教育学校について調べてみよう

義務教育学校という学校があることを知っていますか。最初にこの学校について調べてみましょう。義務教育学校について知らない人は，まずインターネットで義務教育学校というワードを検索してみてください。そのうえで，全国にあるいずれかの義務教育学校を選び，その学校のホームページを見てみましょう。

①　義務教育学校は小学校や中学校とどこが違いますか。

②　もし，あなたがいま５歳で来年４月に就学するとしたら，小学校と義務教育学校のどちらを選びますか。その理由は何ですか。

③　自治体によっては，小学校か義務教育学校か，どちらの学校に通うかを実際に選ぶことになっています。そういう学校制度にはどのような利点があるでしょうか。また，どのような問題があると思いますか。

導　入

日本では第二次世界大戦後の教育改革により，小学校6年，中学校3年，高等学校3年の6－3－3制が敷かれました。しかしその後，さまざまな新しい種類の学校が設置されています。これらの多くは，自らの希望や興味関心に基づいて進路を選択することが望ましいとする教育理念に導かれ，1990年ごろから設置されたものです。本章では，こうした学校制度改革を振り返り，現在の日本の学校制度の特徴を理解するとともに，どのような学校制度がより望ましいのかを考えます。

1　学校の種類

1　増える「一条校」

現代社会と教育の関係を考えるうえでまず押さえておきたいのは，現在の学校の姿です。なお，ここで言う「学校」には，英会話学校やスイミングスクールなどは含まれません。本章で言う「学校」とは，学校教育法第1条で定められた「一条校」と呼ばれる学校を指します。

戦後教育改革の一環として，学校教育法が1947年に制定され，翌1948年4月から施行されました。その第1条には，日本において正式に学校と呼ばれる施設はどれかが列記されています。これを，「一条校」とか「一条学校」と呼びますが，学校教育法の制定当初，それは以下の8つでした。

小学校，中学校，高等学校，大学，盲学校，聾学校，養護学校，幼稚園

これに対して，2016年以降の「一条校」は以下の9つです。

幼稚園，小学校，中学校，義務教育学校，高等学校，中等教育学校，特別支援学校，大学，高等専門学校

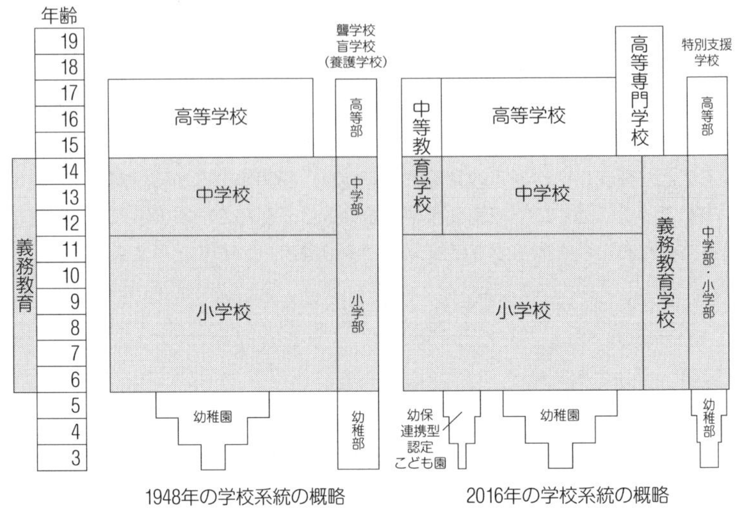

図１－１　学校体系の比較（1948年，2016年）

出所：「学制百年史資料編」ならびに「諸外国の教育統計」平成31（2019）年版をもとに筆者作成。

注：幼保連携型認定こども園は，認定こども園法（就学前の子どもに関する教育，保育等の総合的な提供の推進に関する法律）により2006年に創設された施設で，幼稚園的機能と保育所的機能の両方の機能を併せ持つ。

1948年に施行された学校教育法一条校のうち，盲学校，聾学校，養護学校の３つは，2007年の学校教育法の改正により，特別支援学校に統合されました。また，義務教育学校，中等教育学校，高等専門学校の３つは，戦後当初には存在せず，後になって設置されました。

それでは，こうしたさまざまな新しい学校ができたことで，学校制度は全体としてどのように変わったのでしょうか。このことを理解するために，1948年と2016年の高等学校の段階までの学校制度を，子どもや若者の年齢に即して系統立てて表したのが図１－１です。

これを見ると，1948年には，養護学校，聾学校，盲学校に通っていた障害を持つ子ども以外は，ほぼすべての子どもが６歳で小学校に就学し，12歳で中学校へ進み，15歳になるとそのうちの一部の者が高等学校に入学していたことがわかります[*1]。これがいわゆる６－３－３制と呼ばれる学校制度であり，同一年齢

表1－1　新たに設置された学校

1962年	高等専門学校
1999年	中等教育学校
2007年	特別支援学校
2016年	義務教育学校

出所：筆者作成。

の子どもは同じ種類の学校に通うという意味で，単線型の学校制度と呼ばれています。

しかも，戦後かなり長い間，小・中学校は通学区域が指定され，それぞれ同じ地域に住む子どもは，同じ学校に通うことになっていました。戦後間もない頃は，高校もこれと同様に，同一地域の子どもは，みな同じ高校に通う仕組みにしようという努力がなされました。こうした学校制度づくりは，社会の民主化を図るための戦後の教育改革の一環として進められたものでした。

2　単線型の学校制度のゆらぎ

しかし，図1－1の右側の2016年度の学校系統図を見ると，現在の日本の学校制度はかなり複雑になり，単線型がゆらいでいることがわかります。1948年にはなかった，各種の新たな学校が設置された時期は表1－1のとおりです。このうち，高等専門学校は，1950年後半からの高度経済成長に伴う産業界からの人材育成の要請に応じて設置されました。国は，科学技術の進歩に適応できる中堅技術者の不足に応じる手だてとして，さまざまな議論を経たのちに，中学卒業後，5年間の教育を受ける新たな学校として高等専門学校を設置しました。

その後しばらくは新しい種類の学校が設置されることはありませんでしたが，1990年代になると，次々に設置されるようになります。なお，高等学校では，それよりやや早くから，同じ学校種でありながらも，かなり性格を異にするさ

＊1　なお，当時は，就学を免除されたり，猶予されていた子どももかなりいた。

まざまなタイプの学校が設置されるようになりました。また，小学校・中学校では，この時期から自治体の判断で学校選択制を採用することが認められるようになりました。

1990年代以降のこれらの一連の改革は，保護者や子どもの希望や適性に応じて，多様な教育機会を提供することをねらいとして実施されたものです。多くの改革は，学校の選択肢を増やし，その中から各人が選択することが望ましいという理念に支えられて進められてきました。また，それぞれの改革の背後には，学力や学習意欲の低下や少子化といった社会の動向も色濃く反映しています。

次節からは，1990年前後から始まったさまざまな学校改革を辿ることにより，現在の日本の学校教育の制度面での特徴や，その背景にある社会状況の変化について理解を深めていきます。なお，幼稚園や認定こども園などの就学前教育については，第6章で詳しく扱いますからそちらを参照してください。

2　高等学校の多様化と中等教育学校の設置

1　単位制，総合学科，中等教育学校――臨時教育審議会の提言に基づく改革

はじめに，比較的早期から改革が始まった高等学校について見ていきましょう。戦後に設置された新制の高等学校[*2]は，高度経済成長期に飛躍的に進学率が上昇し，1970年代半ばに90%を超え，さまざまな学力や多様な興味関心を持った生徒が入学するようになりました。

1984年から3年間をかけて審議された臨時教育審議会では，こうした状況に対応するために，高校に多様な選択肢を用意し，生徒に選択の機会を与える必

＊2　ここで「新制の」高等学校と書かれているのは，戦前にも「高等学校（旧制高校）」があり，それとは質的に全く異なることを意味している。旧制高校は，おおむね戦後の大学の教養課程に相当する。6年間の初等教育を受けた後に，旧制の中学校で5年間（または4年間）の教育を受けてから進学する教育機関だった。

要があることが提唱されました[*3]。その具体策の１つが，単位制高校の設置です。単位制高校とは，学年の区分がなく，生徒の興味・関心や進路希望等に応じて履修する科目を選択でき，決められた単位を修得すれば卒業が認められる高等学校です。2019年度学校基本調査によれば，全日制・定時制・通信制高校の総数5,140校のうち，1,248校（24.3%）が単位制の学校です。

第２の施策は，総合学科の設置です。総合学科は，普通教育を主とする普通科や専門教育を主とする専門学科に並ぶ，第三の学科として1994年度から導入されました。2019年度には全日制，定時制の高校のうち378校，全体の5.7%が総合学科で占められています[*4]。総合学科の設置も選択の理念に支えられており，幅広い選択科目を用意することにより，「生徒の個性を生かした主体的な学習」を進めることが目指されています。また，将来の生き方や進路を考える学習が重視され，「産業社会と人間」という科目の履修が必須となっています。

第３の施策は，中高一貫教育の推進です。国は学校教育法を改正し，1999年より中高一貫教育を選択的に導入することを可能とし，中等教育学校を新たに設置しました。このねらいについて，文部科学省は，「生徒や保護者が６年間の一貫した教育課程や学習環境の下で学ぶ機会をも選択できるようにすることにより，中等教育の一層の多様化を推進し，生徒一人一人の個性をより重視した教育の実現を目指す[*5]」と説明しています。2019年度に中等教育学校は全国で54校が設置されています。

以上に見るように，「臨教審によって加速化された多様化政策によって，高校は１つの学校種として，小学校や中学校とは比較にならないほどユニークなもの[*6]」となっています。

＊３　飯田浩之「高校教育における『選択の理念』」耳塚寛明・樋田大二郎（編）『多様化と個性化の潮流を探る――高校教育改革の比較教育社会学』学事出版，1996年，59～73頁。

＊４　文部科学省「高等学校教育の現状について」2019年10月１日。なお，学校数は，１つの学校に課程が併置されている場合，それぞれの課程について，重複して計上。https://www.mext.go.jp/b_menu/shingi/chukyo/chukyo3/084/siryo/__icsFiles/afieldfile/2019/08/08/1419962-8.pdf（2021年５月25日閲覧）

＊５　文部科学省ホームページ「中高一貫教育の概要」。https://www.mext.go.jp/a_menu/shotou/ikkan/2/1316125.htm（2021年５月25日閲覧）

＊６　坂野慎二「高校教育政策と質保証」『国立教育政策研究所紀要』138，2009年，66頁。

2　不登校の生徒や学力が身に付いていない生徒のための公立高校の取り組み

いくつかの自治体は，これらの新しいタイプの高校を活用して，不登校の経験があったり，学力や学ぶ意欲の低い生徒への対応を意識した公立高校を設置するようになりました。表1－2は，2018年度現在で各自治体に設置されている特色ある高校の事例をまとめたものです。この表に示された取り組み以外にも，各自治体はさまざまな取り組みを推進しています。たとえば，東京都は，表1－2に掲載されているチャレンジスクールの他に，小・中学校での学力が身に付いていない生徒を対象にして，基礎的基本的な学力の定着を目指して学び直しができることをねらいとした「エンカレッジスクール」を設置しています。

3　私立通信制高校の拡大

また，こうした各自治体の取り組みとは別に，私立高校の取り組みとして目立っているのは，中学校時代に不登校だった生徒や高校中退した生徒を積極的に受け入れる通信制の拡大です。

私立通信制高校は2000年ごろを境にして急増しました[*7]。ちなみに1990年以前は，通信制高校の多くは公立でした。1990年に設置されていた私立通信制高校は17校にすぎなかったのですが，2019年には175校にまで増加しています。同様に，私立通信制課程に在籍する生徒数も，1990年から2019年の間に7.0万人から14.1万人に増加しました。この間，その他の課程や公立高校の通信制課程に在籍する生徒は，少子化の影響を受けて大幅に減少していますから，私立通信制高校だけが対照的な動きを示していることになります（表1－3）。

＊7　内田康弘・濱沖敢太郎「通信制高校における中退経験者受け入れの推移に関する研究――中退率及び在籍者年齢層の変遷を基にした一考察」『平成27年度日本通信教育学会研究論集』2015年，1～16頁および酒井朗「高校中退の減少と拡大する私立通信制高校の役割に関する研究：日本における学校教育の市場化の一断面」『上智大学教育学論集』（52），2018年，79～92頁。

表１－２　不登校経験や学力や学ぶ意欲の低い生徒への対応を意識した公立高校の取り組み例

自治体	名　称	タイプ	各教育委員会や各学校の説明	学　校
東京都	チャレンジスクール	単位制・定時制（昼夜間３部制）	不登校や高校中退の経験があるなど，これまで能力や適性を十分に生かしきれなかった生徒が，もう一度チャレンジする高校	桐ヶ丘高校，世田谷泉高校，大江戸高校，六本木高校，稔ヶ丘高校，八王子拓真高校（チャレンジ枠）
埼玉県	パレットスクール	単位制・総合学科・定時制（昼夜間３部制）	既存の夜間定時制高校を統合集約して，多部制総合学科の単位制高校を新設したもの	戸田翔陽高校，狭山緑陽高校，吹上秋桜高校
神奈川県	クリエイティブスクール	全日制・普通科	一人ひとりが持っている力を必ずしも十分に発揮できなかった生徒に対して，これまで以上に学習意欲を高める取り組みを行う学校	大楠高校，釜利谷高校，田奈高校，大井高校，大和東高校
千葉県	地域連携アクティブスクール	全日制・普通科	中学校で十分力を発揮しきれなかったけれども，高校では頑張ろうという意欲を持った生徒に，企業や大学など地域の教育力を活用しながら，「学び直し」や「実践的なキャリア教育」を行い，自立した社会人を育てる，新たなタイプの学校	泉高校，天羽高校，船橋古和釜高校，流山北高校
茨城県	アクティブスクール	単位制・全日制	「基礎学力の定着」や「キャリア教育の充実」を目指し，生徒の多様なニーズに対応しながら，柔軟な教育活動を展開する新しいタイプの単位制普通科高校	茨城東高校，石下紫峰高校
群馬県	フレックススクール	単位制・定時制（昼夜間制）	一人一人の生活スタイルを大切にしながら，誰でもいつでも必要に応じて高等学校教育が受けられるよう，新しく柔軟な学習システムを取り入れている。	前橋清陵高校，太田フレックス高校
大阪府	クリエイティブスクール	全日制総合学科，多部制の定時制単位制	学ぶ時間帯が選べ，魅力ある多様な選択科目がある学校。	咲洲高校，成城高校，和泉高校，東住吉高校，箕面東高校，桃谷高校

出所：2019年４月の各自治体の教育委員会のサイトや学校のサイトの説明に基づいて筆者作成。

表1－3　各課程の生徒数の変化（通信制については公立・私立別の生徒数も掲載）

（人）

年　度	全日制	定時制	通信制		
			合　計	公　立	私　立
1990	5,476,635	146,701	166,986	97,271	69,715
1995	4,617,614	107,331	153,983	97,330	56,653
2000	4,056,112	109,322	181,877	107,854	74,023
2005	3,494,770	110,472	183,518	93,770	89,748
2010	3,252,457	116,236	187,538	86,843	100,695
2015	3,221,781	97,333	180,393	66,702	113,691
2019	3,086,434	81,935	197,696	56,373	141,323

注：高等学校通信制課程は独立校および併置校（全日制課程を置く高等学校，定時制課程を置く高等学校または全日制課程と定時制課程を置く高等学校に併置されている学校）の合計である。
出所：各年度の学校基本調査をもとに筆者作成。

3　義務教育段階の学校改革

1　学校選択制の導入

次に義務教育段階の各学校の取り組みについてですが，高校教育に比べると，それほど多様化が進んでいるわけではありません。義務教育段階の各学校は，すべての子どもは等しく普通教育を受ける機会が保障されなければならず，保護者は子どもに普通教育を受けさせる義務があるという考え方に基づいて運営されています。こうした考え方に基づいて，義務教育は，「共通の基礎的知識をすべての子どもが学習・習得するための場として，すなわち共通教育の場として[*8]」制度化されてきました。

しかし，そうした義務教育でも，1990年代以降，いくつか大きな改革がなされました。その1つは，個人の選択の自由を認めるべきだという考え方に基づいて，学校選択制が導入されたことです。義務教育段階では，通学区域が定められ，児童生徒は教育委員会から指定された居住区の学校に就学することとさ

＊8　藤田英典『義務教育を問いなおす』ちくま新書，2005年。

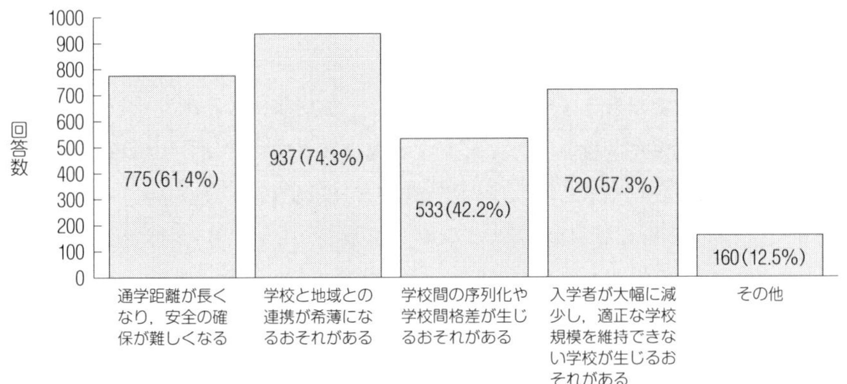

図１－２　学校選択制を導入しない理由（小学校）

注：導入していないし，導入を検討してもいない設置者（＝1267の教育委員会）による回答（複数回答）。
出所：文部科学省「小・中学校における学校選択制等の実施状況について（平成24年10月１日現在）」。

れています。しかし，文部省は1997年に「通学区域制度の弾力的運用について」という通知を出し，さらに，2003年には学校教育法施行規則を改正して，各市町村の教育委員会の判断により学校選択制が導入できることになりました。文部科学省が2012年に実施した学校選択制に関する調査結果によれば，小学校では対象となった1,547の自治体のうち，246の自治体が学校選択制を導入していました（全体の15.9％）。また，中学校では，1,250の自治体のうち，204の自治体（全体の16.3％）が実施していました[*9]。

ただし，義務教育段階の小学校や中学校は，地域とのつながりが密接です。文部科学省も，学校選択制を提唱する一方で，地域との連携の重要性を指摘し，コミュニティ・スクール（学校運営協議会制度）を推進しています。学校選択制に関する2012年の調査では，８割以上の自治体は学校選択制を導入していなかったのですが，その理由で最も多かったのは，「学校と地域との連携が希薄になるおそれがある」というものでした（図１－２）。

通学区域を越えて学校を選べる仕組みづくりは地域との連携を弱める面があると考えられていることが，制度の浸透を阻んでいる一因だと言えるでしょう。

＊９　文部科学省「小・中学校における学校選択制等の実施状況について（平成24年10月１日現在）」。

2　義務教育学校の設置

義務教育段階でのもう１つの大きな改革は，2016年に義務教育学校という９年制の小中一貫校が設置されたことです。義務教育学校では，中学校の内容を小学校段階で先取りできるなど学習指導要領の特例措置が設けられ，学年の区切りも，６−３という従来の学年の区切りに代わって，４−５や４−３−２という区切りが可能になりました。

義務教育学校は，2013年に設置された教育再生実行会議の第五次提言（2014年）に基づいて設置されたものです。この提言のタイトルは，「今後の学制等の在り方について」でした。そして，その具体的な対策の１つとして，小中一貫教育の推進が提言されました。こうした提言がなされた背景には，小学校から中学校に上がる際にさまざまな学校不適応が多発するという中１ギャップと呼ばれる問題がありました。学校間の連携を密にすることで，中１ギャップの問題が軽減されるのではないかと考えられたのです。

しかし，小学校と中学校が連携するだけではなく，小学校，中学校の他に，義務教育学校が設けられたのは，こうした児童生徒の問題への対応だけではなく，提言のタイトルに書かれているように，学制の在り方そのものを見直すというねらいがありました。義務教育学校は，小学校や中学校と併存する形で設置することができるため，学校制度を単線型から複線型へと変更させることにつながっていきます。実際に，いくつかの自治体では，６歳の就学の段階で，６年制の小学校に入学するか，９年制の義務教育学校に入学するかの選択が迫られることとなっています。単線型の学校制度を支持する立場からは，こうした改革に批判的な指摘がなされています。たとえば，全日本教職員組合（全教）は，学校制度が複線型になるという批判を談話の形で発表しています[*10]。

なお，義務教育学校の設置を促したもう１つの背景には，少子化に伴う学校統廃合の問題があります。全国の小中一貫教育のさまざまな取り組みを調べた報告では，児童生徒数の減少に対する対策として学校の適正配置や学校統廃合

＊10　全日本教職員組合（全教）書記長小畑雅子「【談話】学校制度を複線化し，学校統廃合を促進する『小中一貫教育』の制度化に反対する」2015年６月24日。

を検討する中で，小中一貫教育の取り組みを始めた事例があるとしています[*11]。全日本教職員組合の批判の論点の１つも，義務教育学校を設置することで学校統廃合が促進されることへの懸念でした。

文部科学省は積極的に小中一貫教育を進めようとしていますが，実際に小中一貫教育を積極的に進めている自治体はそれほど多くはありません。2016年度の調査では小学校と中学校の間で連携の取り組みを進めているという学校は大変多かったのですが，小中一貫教育をしていると回答したのは14％でした。また，その時点で設置されていた義務教育学校は全国で48校にすぎませんでした[*12]。

ただし，2018年度の学校基本調査では，義務教育学校は82校に増えています。少子化が今後いっそう進展する中で学校統廃合は各地の自治体にとっては大きな課題です。こうした理由で義務教育学校が増加する可能性は今後も残されていると思われます。

4　障害を持つ子どものための学校

1　特別支援学校の設置

最後に，障害を持つ子どものための学校について触れておきたいと思います。本章の冒頭で述べたように，盲学校，聾学校，養護学校は，2007年に特別支援学校に統合されました。

高校や義務教育段階の学校では，1990年を転機として，保護者や子どもの希望や適性に応じて，選択肢を増やす方向で改革が進められてきました。これに対して，障害を持つ児童生徒への教育においては，子どもの「多様な教育的ニーズに対応する」ために，障害種別に設置されていた学校を統合することが望ましいとされました。また，その結果設置された特別支援学校には，地域の小・中学校等への教育的支援を積極的に行う，特別支援教育のセンターとして

＊11　渡邉恵子『小中一貫教育の成果と課題に関する調査研究（初等中等教育の学校体系に関する研究報告書２）』国立教育政策研究所，2015年。
＊12　文部科学省「小中一貫教育の導入状況調査」2017年３月１日実施。

学校制度　特別支援学校
盲・聾・養護学校の制度を弾力化し，設置者の判断により，
複数の障害種別を教育の対象とすることができる学校制度

免許制度　特別支援学校教諭免許状
一又は二以上の障害についての専門性を確保

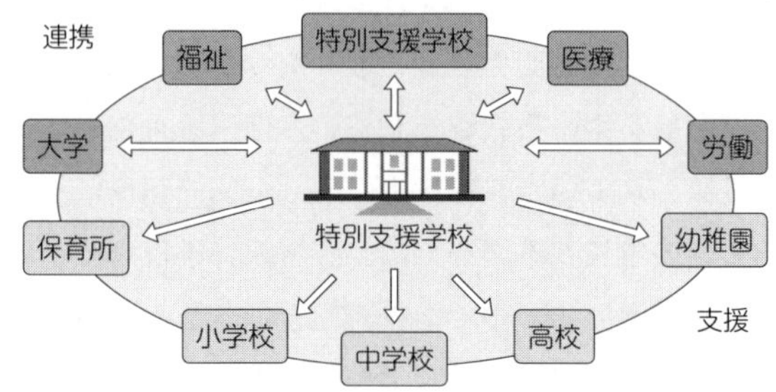

→児童生徒の障害の重度・重複化に適切に対応した教育の充実が図られる。
→特別支援学校のセンター的機能を通じ，小・中学校等に在籍するLD・ADHD等を含む障害のある児童生徒等への支援の充実が図られる。
→福祉・医療・労働等の関係機関と連携・協力しながら，就学前から学校卒業後を見据えた一貫した支援の充実が図られる。

図１－３　特別支援学校の基本的な考え方

出所：『平成19年度　文部科学白書』図表２－２－27から一部抜粋。

の役割も果たすことが求められるようになりました（図１－３）。

特別支援学校への統合は中央教育審議会が2005年に出した答申に基づいています。この中で指摘されている統合の理由は，盲・聾・養護学校に在籍する児童生徒の障害の重度・重複化でした。また，通常の学級に特別な教育的支援を必要とする児童生徒がかなり多いことも課題として指摘されました[*13]。

ただし，この答申に先立って出された，特別支援教育の在り方に関する調査研究協力者会議の最終報告書では，それ以外に，養護学校や特殊学級に在籍している児童生徒が増加する傾向にあることも指摘されています[*14]。なお，この報

＊13　中央教育審議会「特別支援教育を推進するための制度の在り方について（答申）」2005年12月８日。

＊14　特別支援教育の在り方に関する調査研究協力者会議「今後の特別支援教育の在り方について（最終報告）」2003年３月。

告書には書かれていませんが，それとは対照的に，当時，盲学校や聾学校に在籍する児童生徒は減少傾向にありました。このように見ていくと，2007年の統合は，子どもの障害の重複化ということとともに，養護学校と盲学校，聾学校の間で生徒数に偏りが生じていたことへの対応という面があったことがわかります[*15]。

2　インクルーシブ教育と特別支援教育

2007年に特別支援学校が設置されたあと，特別支援教育は，共生社会の形成に向けたインクルーシブ教育制度の構築のために推進される必要があると言われるようになりました。インクルーシブ教育という理念は，1994年にスペインのサラマンカで開催された「特別なニーズ教育に関する世界会議」で採択された宣言において明示されたものです。この宣言には，教育は障害児を含むすべての子どもたちの基本的権利であると認められ，教育制度はインクルーシブ（包含的，包摂的）なものでなければならず，すべての児童の多様性を考慮して策定することが求められていると書かれています。なお，同宣言では，インクルーシブ教育の原則は，「別の方法を取るやむを得ない理由がない限り，すべての児童を普通学校に入学させること」とも書かれています[*16]。

インクルーシブ教育の理念が，日本で知られるようになったのは，2006年の国連総会において「障害者の権利に関する条約」が採択されたことを契機にしています。この条約を受けて，中央教育審議会で審議がなされ，2012年にその結果が報告されました[*17]。そして，その中で，インクルーシブな教育システムの構築のためには特別支援教育を着実に進めていく必要があるという指摘がなされたのです。

＊15　松田次生「特別支援教育体制における視覚特別支援学校（盲学校）の現状と展望に関する一考察」『西九州大学健康福祉学部紀要』43，2012年，57～65頁。

＊16　サラマンカ宣言（「特別なニーズ教育に関する世界会議：アクセスと質」（ユネスコ・スペイン政府共催，1994年）において採択）。http://www.nise.go.jp/blog/2000/05/b1_h060600_01.html（2021年５月25日閲覧）

＊17　中央教育審議会初等中等教育分科会「共生社会の形成に向けたインクルーシブ教育システム構築のための特別支援教育の推進（報告）」2012年７月23日。

この報告では，同じ場で共に学ぶことを追求するとともに，「小・中学校における通常の学級，通級による指導，特別支援学級，特別支援学校といった，連続性のある『多様な学びの場』を用意しておくことが必要である」とも書かれています。この点は，インクルーシブ教育をどのように進めるべきかをめぐってさまざまな議論がある点であり，今後のゆくえに注目しなければなりません。

5 これからの学校教育

日本では，1990年代以降，さまざまな学校改革が次々になされてきました。しかしながら，義務教育学校や中等教育学校は学校全体のうちのほんの一部でしかありません。また，学校選択制を導入している自治体もわずかです。

第3節で指摘したように，とりわけ義務教育段階の学校は，地域との関係が密であり，新しい学校の設置や選択制の導入が躊躇されることもしばしばあります。学校改革は自治体によりかなりの温度差があり，東京都品川区など積極的に新しい学校を設置している自治体もありますが，いまなお，6－3－3制を採用し，小・中学校では通学区域を指定している自治体も多くあります。これらのことが教えてくれるのは，学校，とりわけ公立の学校は，それぞれの地域社会の意向や事情に沿って運営されているということです。

また，それと同時に，学校は未来の社会のためにもあるものです。戦後の教育改革で6－3－3制の単線型の学校制度が敷かれたのは，新しい民主主義を担う市民の育成が学校教育に強く求められたからでした。これに対して，1990年以降の改革で強調されたのは，どちらかと言えば，個人の能力，適性や興味関心に沿って学校を多様化することでした。その基盤となったのは，個人の選択にゆだねることで社会が発展するという新自由主義の理念ですが，そのような改革を通じて，日本にどのような社会を作り出すのかという観点は必ずしも明確ではなかったように思われます。

そうした中で例外とも言えるのは，インクルーシブ教育の理念です。これは，インクルーシブな社会の建設を目指した教育の改革です。また，本来のインクルーシブ教育は，障害を持つ子どもをどう社会に包摂していくかだけではなく，他のさまざまな困難を抱えた子どもの支援と社会への包摂も目指しています。その意味では，インクルーシブ教育をより徹底させて学校制度を見直すということは，特別支援教育だけではなく，他のさまざまな学校においても追求されていく必要があると言えるかもしれません。

まとめ

本章では，1990年代以降のさまざまな学校改革を見てきました。その多くは，選択肢を増やして，個人の選択に判断をゆだねようとする教育理念に基づくものでした。また，障害を持つ子どもの教育に関しては，インクルーシブ教育の理念が大きな影響を持つようになっています。

これらの学校改革の背後には，生徒の多様化や障害の重度・重複化など，学校に入学してくる子どもの変化があります。また，少子化による学校統廃合の必要性などの，学校運営上の課題を指摘することもできます。さらに，高校における私立通信制高校の拡大に見られるように，私立は独自の変化を見せています。

今後の学校教育を考えるうえでは，個人にとっての学校教育の効用とともに，社会にとって学校はどうあるべきかという視点が必要となるでしょう。

さらに学びたい人のために

○木村元『学校の戦後史』岩波新書，2015年。

戦後の日本の学校教育の展開を，豊富なデータを用いながら大づかみに捉えることができるように工夫されて書かれています。新学制の出発から高度経済成長下での変化，そして1990年代以降の学校の基盤の動揺までが順に描かれています。

○大桃敏行・背戸博史（編）『日本型公教育の再検討――自由・保障・責任から考える』岩波書店，2020年。

一条校を中核として教育を保障してきた日本の教育制度を「日本型公教育」として捉え，その揺らぎや再編課題を考察しています。多様な学びの場を承認していこうとする近年の動向を振り返るうえでも多くの示唆を与えてくれます。

○日本学術会議心理学・教育学委員会排除・包摂と教育分科会　提言「すべての

人に無償の普通教育を――多様な市民の教育システムへの包摂に向けて」2020年8月26日。

日本の教育システムにおいて，特定の個人・集団が排除される様相に着目し，教育システムへの包摂のために，「すべての人に無償の普通教育を」という理念を提唱しています。日本学術会議のサイトからダウンロード可能。http://www.scj.go.jp/ja/info/kohyo/pdf/kohyo-24-t295-2.pdf（2021年8月17日閲覧）

第2章

社会の動向とカリキュラム
——教育内容と教育方法——

学びのポイント

- 学校を巡る近年のさまざまな社会的状況の変化を理解する。
- 近年の教育課程（カリキュラム）政策の変化を理解する。
- 教育内容・方法のあるべき姿について，それが実現する社会的・制度的文脈に即して考える。

WORK　学校，社会とカリキュラムの関係は？

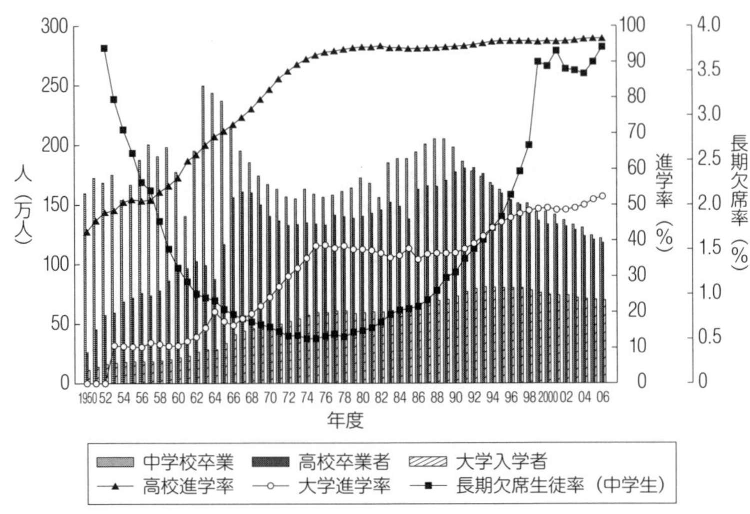

進学ならびに長期欠席生徒の動向

出所：木村元・小玉重夫・船橋一男『教育学をつかむ』有斐閣，2009年，59頁。

上の図と本章の内容をふまえて，次のことについて話し合ってみましょう。

① 高校・大学進学率については，どのような傾向が見られるでしょうか。また，長期欠席生徒についてはどうでしょうか。

② 高校・大学進学率が大きく上昇し，長期欠席生徒が減少する時期には，学校でどのようなカリキュラムと授業が行われていたでしょうか。

③ 高校・大学進学率の伸びが止まり，長期欠席児童が増加に転じる時期には，学校でどのようなカリキュラムと授業が行われていたでしょうか。

④ 現在の学校と社会の関係はどのようなものであり，この先どのように変わっていくでしょうか。それに伴って，学校教育のカリキュラムと授業の在り方はどのように変化していくでしょうか。

導　入

戦後からおよそ70余年，私たちが生きるこの社会は，さまざまな変動を経験し，現在に至っています。社会の変化は，学校教育の目標と内容・方法にも影響を与えています。学校教育は，政治的・経済的な要請を無視できません。同時に，教育は政治的・経済的な要請に対して「相対的な自律性」を持っています。教育への政治的・経済的な要請はある「屈折」を伴いながら受け止められ，教育目標と内容・方法の実際が形づくられてきたということです。

本章では，日本の学校教育の目標と内容・方法が，どのような社会変化のなかで，どのような変化を遂げてきたかを見ていきます。とくに，近年の学習指導要領の改訂の背景にある社会変容に着目しながら，現在実現している教育目標と内容・方法について批判的に捉え，あるべき姿を探っていきましょう。

1　産業構造の大転換と教育内容の抽象化・過密化

1960年代以降の高度経済成長期に生じた急激な産業構造の変化は，教育内容の高度化を求めるものでした。実際には，教育内容が抽象化・過密化する結果を生じさせました。こうした事態は，学力・学歴序列をめぐる競争が教育を覆っていく中で，さらに進行していきました。

1　「教育の現代化」への衝動

1958年に行われた学習指導要領の改訂は，子どもの生活経験と子ども自身の主体的な問題解決過程を重視するそれまでの方針を転換し，各教科を系統的・順次的に学習させる方向性に基づくものでした。この指導要領に示された各教科の指導事項には，科学・技術に関する高度な知識を効率的に学習させようとする意図が反映されています。

1960年代には，知識や技術，情報の爆発的増加と質的変化，知識とそれを生み出す方法の新旧交代の加速化に対応すべく，教育内容・方法を改革する動きがさらに強まりました。科学・技術の進歩と産業の高度化の機運は，かつてなく高度な知識を教育内容に導入することを要請しました。教育はその技術を不断に進化させながら，子どもたちにより高度な知識をより効率的に獲得させることを求められたのです。科学・技術が進歩する中で，教育はそれをひたすらに追いかけ続けるべきなのか，教育の目標・内容・方法は経済的・政策的要請に従属する形で変更されるべきものなのかという疑念も示されていました[*1]。しかし，この時代の教育は，「現代化」という「改革への衝動」に突き動かされていたと言えます。この点では，第３節で述べる今次（2017・2018年）の学習指導要領改訂とも共通の様相を見ることができます。

1960年代末の学習指導要領改訂（小学校1968年，中学校1969年，高校1970年）は，高度経済成長による科学技術革新のめざましい進展をふまえつつ，教育内容の質的向上と人間形成の「調和と統一のある教育課程の実現」を課題としていました。

教材の追加，補正，削除など，それまでの学習指導要領を部分的に改訂したのでは追いつかないという認識のもと，新しい科学の概念構成や体系を全面的に取り入れた「教育内容の現代化」「教科の構造」に即した指導内容の「精選・集約」を図ったのです。この方針は，「どの教科でも，知的性格をそのままにたもって，発達のどの段階のどの子どもにも効果的に教えることができる[*2]」というブルーナーの仮説に根拠を求めるものでした。多くの教材の中から，各学問領域において本質的であり，広い範囲への適用性をもった強力な概念（ブルーナーが，教材の根底にある「構造[*3]」と呼ぶもの）を学ぶものを「精選・集約」し，各教科の教育内容に即した「考え方」を身につけさせることを狙ったのです。

＊１　佐藤興文『学力・評価・教育内容——現代教育からの考察』青木書店，1978年。

＊２　J. S. ブルーナー，鈴木祥蔵・佐藤三郎（訳）『教育の過程』岩波書店，1963年（原著1961年），42頁。

＊３　ブルーナー，前掲書，23頁。

2　学力・学歴競争の拡大と教育内容の過密化

ところが，事態はこうした政策の意図どおりには進みませんでした。1960年代に生じた第一次産業から第二次・第三次産業への構造的変化は，これまでにないほど広範囲に学力・学歴獲得競争の広がりをもたらしました。1960年時点では中学校卒業者のおよそ50％が高校に，高校卒業者のおよそ10％のみが大学に進学していました。しかし，わずか15年後の1970年代半ばには高校進学率が90％，大学進学率が38％に急上昇し[＊4]，地域差を伴いながらも誰もが高校に行くことが当然の社会に[＊5]，また大学にも多くの若者が進学する社会へと一気に変化したのです。

学力・学歴の獲得度合いは職業世界における地位や処遇とも連動していきました。子どもたちは，生活・労働上の意義や効能を感じられないが，就職するうえでは必須となった教育内容を学び，学校のテストや入学試験で結果を出すことを強いられていきます。その結果，政策が意図したような教育内容の精選は果たされず，教育内容の抽象化・過密化が進行していったのです。

こうして，教育目標・内容・方法は，「要素的学力観」に規定されていきます。要素的学力観とは，「学校でいろいろ教えてくれることは，意味がわからず意義が見いだせなくても，できるかぎりたくさんとりこんでおけば，いつかは役立つかもしれない」といった知識観・学力観のことです[＊6]。この学力観は，すべての階層にとっていわば「異文化」であった西洋の科学・文化知識の大量かつ効率的な伝達を喫緊の課題としていた近代日本の学校で，子どもたちの学習状況を日常的に点検し，獲得された知識の量や機械的な再生力を測定し競わせる仕組みを取り込む過程で浸透していきました。

1960年代以降，職業世界における将来の地位を保証する象徴的な交換価値としての学力・学歴の価値が高まっていきます。このことに伴って，要素的学力

＊4　久冨善之『競争の教育――なぜ受験競争はかくも激化するのか』労働旬報社，1993年。

＊5　香川めい・児玉英靖・相澤真一『〈高卒当然社会〉の戦後史――誰でも高校に通える社会は維持できるのか』新曜社，2014年。

＊6　中内敏夫『「教室」をひらく』（著作集Ｉ）藤原書店，1999年，95～97頁。

観は職業世界における人物評価基準にも深く浸透していきます。要素的知識の獲得量と再生力をめぐる競争が生みだす序列と格差は，教師にも保護者にも否応なしに受け入れられていきます。この学力観は，学力・学歴序列とこれに基づいてあてがわれる地位・処遇を，「すべての者が同じ条件のもとで努力し，競い合った結果」として正統化する作用を果たしながら，子どもたちの間に学力・学歴獲得競争を激化させていったのです。

やがて，教育の現代化路線に対して，内容が難しすぎるし多すぎる，あれもこれも取り入れて中途半端であるという批判が起こります。経済界も，学校教育の画一性の打破，詰め込み教育の改善などを要請しました。

こうして1977年の学習指導要領改訂では，「ゆとり」と「充実」が掲げられ，各教科の指導項目数の減少や記述の簡略化が行われました。とはいえ，教育内容は実質的には精選・削減されず，高度で過密な状態のまま維持される[＊7]など，政策の意図したとおりには進みませんでした。

2　多様化・個性化と画一化・標準化のはざまで

1　教育の多様化・個性化政策とその背景

1980年代には，臨時教育審議会（臨教審）が答申を提出し，日本社会が国際化・情報化・高齢化を迎えるという展望のもとに，個性重視の教育，生涯学習社会の構想，偏差値序列によらない多元的な評価など，教育改革の方向性を打ち出しました。臨教審答申は，現在までの教育課程の政策の流れに影響を与えていきます。1989年の学習指導要領改訂では，臨教審答申で提案された学校教育の多様化・個性化の方向性が採用され，自ら学ぶ意欲と社会の変化に主体的に対応できる能力の育成を図ることが目標として掲げられました。

臨教審答申が出された背景には，教育と社会をめぐる関係の変化と，教育の「内と外」からの要請に対する対応の必要性がありました。

＊7　沖津由紀「教育内容の制度化過程」日本教育社会学会（編）『教育社会学研究』第54集，東洋館出版社，1994年。

1960年代以降の地域社会では，急激な産業構造の変化と乱開発を通じて均質化・同質化が進行し，子どもたちは多様性のある生育環境を奪われていきました。そして，学校では学力・学歴獲得競争が，偏差値１ポイントの差をめぐる「振り落とし合い」の性格を強めていったのです[*8]。

これに対して企業からは，「大量生産・大量消費」型の生産活動から，モノとサービスの生産・流通・販売過程のカスタマイズ化と，グローバル化，知識・情報・アイディアの不断の更新と創出を特徴とする産業構造の変化に対応できるような，主体的で柔軟な学習能力が要請されました。

一方1970年代半ばから，子どもが大人になるプロセスが，学校と家庭・地域の往復関係をベースにする「振り子型成長」から「トライアングル型成長」図式へと転換しました。子どもたちは，学校と家庭・地域に加え，多種多様な娯楽，アクセサリー，コミュニケーションの手段を手軽に提供する「消費文化世界」との関わりの中で育つようになります。教育内容・方法に関わって言えば，振り子型成長に対応していた，「生活」と「科学」の二項を軸とした学習と発達の構図では対応できなくなっていったのです。

それまでは，具体的な生活・労働の文脈で獲得した知識・技能を，抽象的・一般的な科学・文化知識の獲得を通じて高次なものに発展させていく。このような道筋を前提に，教育内容・方法のあり方が問題とされてきました。しかし，生活と科学の二項を軸として教育内容・方法を捉えるこの構図は，変化を迫られます[*9]。

子どもの成長図式がトライアングル型に移行していくにつれて，学校で求められる学習の内容や規律・生活のルールと，消費型社会を生きる子どもたちのライフスタイルや空間・時間の使い方との不適合が顕在化していきました。

＊８　久冨善之は，こうした学力・学歴競争の性格変化を，「開かれた競争」から「閉じられた競争」として描いている。前掲＊４『競争の教育』を参照。

＊９　今井康雄『メディアの教育学――「教育」の再定義のために』東京大学出版会，2004年。

2 子どもの主体性重視への大転換

1990年代になると，学校教育の画一的・競争的性格の転換を図り，子どもの主体的な学習を重視する方向性（いわゆる「ゆとり教育」路線）に基づいて，一連の施策が本格的に打ち出されていきます。

その基調は，互いに強く区別されていた諸教科の知識を「教科横断」的に関連付け，総合的なテーマを重視することと，子どもたちの「自己調節的」な学習[*10]，つまり，子どもが獲得した知識や情報を吟味し，関連づけ，選択し，再構成しながら自らの解釈枠組みの中に取り組み，現実において直面する事象の理解や問題の解決に活かす教育方法や評価を強調することでした。

1990年代に始まる一連の教育内容・方法改革の試みは，評価様式に真っ先にメスを入れることから始まりました。1991年に改訂された指導要録では，「観点別学習状況」欄の４つの評価観点（「知識・理解」「思考・判断」「技能・表現」「関心・意欲・態度」）のうち「関心・意欲・態度」が新たに最重要観点として位置づけられ，「知識・理解」は一番下に置かれることとなりました。評価には，教育活動における「何を」と「いかに」が凝縮的に表現されるわけですが，文部省（当時）は評価観点の優先順位変更を通じて，知識・技能の画一的指導中心の授業形態から，子どもが「自ら学び自ら考える力」の伸長を支援するそれへの転換をはかるメッセージを打ち出したのです[*11]。

この指導要録の改訂に対応するように，学習指導要領も小・中学校が1998年に，高校が1999年に改訂されました。各教科の教育内容を「厳選」し「基礎・基本」に絞り込む方針に基づいて指導事項が削除または上級学年・学校へと移行統合され，2002年からの学校週５日制完全実施もにらんで，授業時数が大幅

＊10　B.バーンスティン，久冨善之・長谷川裕・山﨑鎮親・小玉重夫・小澤浩明（訳）『〈教育〉の社会学理論』法政大学出版局，2000年（原著1996年）。

＊11　要素的学力観は，指導要録の学習状況別評価観点にも浸透し，人間のさまざまな能力や人格的特質をもっぱら別個の「要素」として把握し，学校での学習を通じて子どもに生じることが期待される認識・行動上の変化を動的かつ構造的に把握することを防げてきた。こうして，たとえば学習の全過程において貫かれるべき「関心・意欲・態度」が「知識・理解」と分断され，「知識」が「思考・判断」の過程や「表現」を介して深い「理解」を伴うものになっていく過程の構造的な記述を欠いたまま各観点が別個に評価される事態を招いている。

に削減されました。さらに，現実世界と結びついた教科横断的・体験的・問題解決的な学習に取り組む「総合的な学習の時間」が新設され，その指導目標や内容が各学校の創意工夫に委ねられるなど，「生きる力」を基調として「自ら学び自ら考える力」を培う方向性がはっきりと打ち出されました。

こうした教育内容・方法の性格転換が要請された背景として，経済界から，受験学力批判と新自由主義的な学校教育の「スリム化・多様化」の要求があったことや，競争主義的・管理主義的な学習環境がもたらす子どもたちの成長発達上の困難に対して制度的・実践的対応が要請されたことが挙げられます。

1990年代後半から現在に至るまで，経済界はグローバルな規模で再編され，流動化する労働市場への参入競争や，学力・学歴以外の属身的で非認知的な能力・特性を総動員する新たな段階のメリトクラシー[*12]に基づく地位・処遇の獲得競争を各人の自己責任のもとに正当化しようとしています。第3節に述べる新しい能力ベースのカリキュラム改革もこの文脈のなかで打ち出されています。

また，この時期には，子どもの変容と子育て・教育の危機が新たに顕在化しました。バブル経済が崩壊し，学校から職業世界への移行が不安定化しました。それに伴い，学校に通うこと，進学することのメリットが必ずしも感じられない一方で，学校に行かないこと，進学しないことのデメリットは増大し，子どもたちはいつ爆発してもおかしくない大きなストレスやムカツキ，苛立ちを抱えながら学校に通ってくるようになりました。教育現場では，子どもたちのパニックや攻撃的言動，閉じこもり，学校の規範やルールからの逸脱に直面し，担任する学級や授業の「解体」「崩壊」の危機も生じました。

3　「ゆとり」か「基礎基本」かをめぐる混迷

しかし，一連の「ゆとり教育」施策が取り組んだ教育内容・方法の改革は，これまでの教育課程政策への根本的な反省を伴わず，小手先の対応に終始するものでした。さらに，教育課程政策自体が，目指すべき教育目標と教育内容・

＊12　本田由紀『多元化する能力主義――「ハイパー・メリトクラシー」化する社会』NTT 出版，2005年。

方法のあり方をめぐって錯綜・混迷し，教育現場にも混乱をもたらすことになりました。

1991年の指導要録改訂では，分断的な評価観点はそのままに残されて，優先順位に変更が加えられたにすぎませんでした。また，「観点別学習状況」欄における「関心・意欲・態度」観点の強調が，相対評価に基づく「総合評定」欄との整合性を問わずに行われたために，子どもたちの思考，感情，価値といった内面までもが日常的な評価・点検の対象となり，学力競争に加えて教師への「忠誠度」競争をも生みだすことになったのです。

また，文部省（当時）は教育現場への内容・評価様式統制の手綱をいっこうに緩めることなく，指導中心型から子どもの学び支援型への授業方式の転換を，もっぱら個々の学校・教師の意識変革と努力に求めました。支援型授業への転換に必要な現場の自律性の確保，教師がかかえる経済的・時間的コストへの配慮，新たな授業方式に対応するための訓練機会の提供などの条件整備も不十分であったと言えます。

2000年代に入ると，文部科学省（文部省）の教育課程政策は錯綜・混迷の度合いを高めていきます。1998・99年改訂の学習指導要領の告示から間もなく，一連の「ゆとり教育」政策が子どもたちの「学力低下」をもたらしているとする批判・告発がさまざまな方面からなされます。経済学部教授らによる「分数・小数ができない大学生」のセンセーショナルな実態告発[*13]，教育社会学者による学力の二極化や意欲格差拡大の指摘[*14]，受験方法に関して多くの著作をもつ精神科医による受験競争復活と強制的学習の仕組み強化の訴え[*15]と続く，一連の〈ゆとり教育＝学力低下〉批判は，学習指導要領への人々の公然たる不信の表明という，かつてない事態を伴いつつ一大キャンペーンの様相を呈していきました。それは中堅労働力の知的水準低下による「亡国」の危機を憂える声と結びつき，父母の間に公立学校・教師の指導力に対する疑念と私立学校受験熱を

*13　岡部恒治・西村和雄・戸瀬信之（編）『分数ができない大学生——21世紀の日本が危ない』東洋経済新報社，1999年。

*14　苅谷剛彦「学力の危機と教育改革——大衆教育社会の中のエリート」『論座』中央公論新社，2000年７月号，36～47頁。

*15　和田秀樹『学力崩壊——「ゆとり教育」が子どもをダメにする』PHP 研究所，1999年。

呼び起こし，ついには文部科学省内部からもゆとり教育批判が行われるという事態を生み出しました。[*16]

一連のゆとり教育批判に対して，文部科学省は当初，学習指導要領はあくまでも「最低必要量（ミニマム）」であるという新見解を打ち出し，テストで測定できる「旧学力」は落ちても，「最終的についている学力」という観点から見れば「低下」はないと主張しました。しかし，2003年には「基礎基本を徹底」する方向性のもとで学習指導要領の一部改訂を行わざるをえませんでした。

4　「ゆとり」でも「詰め込み」でもなく

2008年（小・中学校），2009年（高校）の学習指導要領改訂は，教育内容・方法に関する政策的メッセージの錯綜・混迷をさらに反映するものとなりました。「ゆとり」か「詰め込み」かという二項対立図式の否定と，「基礎的・基本的な知識・技能の習得と，思考力・判断力・表現力などの育成」の両立を掲げたこの改訂では，「生きる力」育成という理念を維持しつつも，国語，社会，算数・数学，理科，外国語，体育などの授業内容・時数の増加を行いました。さらに，「総合的な学習の時間」の時数を縮減するなど，「学力低下批判」に応える修正を行っています。

さらに，この改訂では，知識・技能の「活用」，各教科における「言語活動の充実」を新たに掲げています。そこには，OECD による PISA（Programme for International Student Assessment：生徒の学習到達度調査）が測定する，学校で習ったことを実生活で活用する力としての「リテラシー」概念と，子どもたちが話し合い活動などを通じて新たな概念を主体的・対話的に獲得するプロセスを重視する構成主義的学習観が反映されています。文部科学省は日本の PISA 国際ランキングの「低下」傾向を懸念し，2007年から実施されている全国学力・学習状況調査では「活用」力を問う「B問題」を出題し，活用力を育成する授業スタイルの普及を図りました。こうした PISA 型学力観が，2008・

---

*16　この点については，市川伸一『学力低下論争』筑摩書房，2002年などに詳しい。

2009年学習指導要領改訂にも反映されているのです。

OECDが提唱したリテラシーは，国際的にテスト得点は高いが，学校で学んだことを日常生活や職業生活で用いる意欲や機会に乏しいという日本の学力が抱える問題への解決策を示すものとして受け止められた側面もあります。また，次節で述べるように，今次（2017・2018年度）の学習指導要領改訂に見られる資質・能力ベース，教科横断型の教育目標と内容・方法にも影響を与えています[*17]。

なお，2001年に行われた指導要録改訂から「総合評定」欄にも４つの評価観点別評価に基づく「目標に準拠した評価（絶対評価）」が採用されました。この転換は，相対評価によって教室での学習が敵対的競争に覆われてしまう事態を改善し，教師と子どもが共同して目標を見定め，到達していくことを促進する意図もありました。他方，学校・教師に対して，評価の公平性の「説明責任」が課せられる状況の中で，目標に準拠した評価への転換は，子ども・地域の実態に即した教育内容・方法の創意工夫の余地を奪い，授業を瑣末な点検行為の繰り返しの場へと転化する結果をもたらしているとも言われています。

教育評価論の領域からは，「真正の評価」論（オーセンティックな評価論）が提起されています。真正の評価論は，前節にみた要素的学力観を克服しようとするものです。この評価論は，子どもの学習の文脈が人工的ではなく，日常生活の文脈に即したものとして展開され，学習された内容が日常生活においても生かされることを保障しようとする発想に基づくものです。学校教育を通して子どもがそれぞれの能力，認識，思考をどう発達させ，発揮していくかをより動的かつ相互関連的に捉える「パフォーマンス評価」の考え方に基づく評価規準の作成と運用についてのアイディアが提起されています。さらに，子どもを含めた評価関係者（ステイクホルダー）の主体的・構成的な評価行為への「参加」

＊17　OECDが提起する構成主義的学力観については，各国の教員を対象に教育条件や研修について調査・提言を行ったTALIS調査で，十分な効果も検証されないまま推奨されている点に注意しなければならない（『OECD教育白書』明石書店，2009年）。また，PISAについては各国・地域の教育に固有の課題や事情を無視して，特定の学力観・学習観を押しつけ，国際ランキング競争を煽っているという批判も出されている（吉益敏文・濱田郁夫・久冨善之・教育科学研究会（編）『検証・全国学力調査』学文社，2021年，第６章）。

保障を求めるものでもあります。[*18]

目の前の子どもが切実に求める学び，身に付けたいと願う力とは何であり，それをどのような過程を通して身に付けさせるべきかを大切にする視点に立てば，評価における真正性と参加を提起する議論は，たいへん重要です。ただし，次節にみていくように，新たな能力主義の文脈への位置づき方によっては，評価を通した教育の標準化と統制に結果として寄与してしまう危険性も孕んでいます。

3　「コンテンツ」から「コンピテンシー」への転換

1　「資質・能力」の伸長と「要素的学力観」の相克

2017年には小・中学校，2018年には高校の学習指導要領が改訂されました。この改訂では，一般的・汎用的な「資質・能力」の伸長・発揮が目標として掲げられました。日本の教育課程の基調が，「コンテンツ」から「コンピテンシー」へ，すなわち，教科・領域の個々の指導事項の習得よりも，それらを媒介としてより一般的・汎用的な能力を身に付けさせる方向へ変化したと言えます。

今回の改訂では，教育課程全体を通して，各教科・領域で身に付ける「資質・能力」として「知識及び技能」，「思考力，判断力，表現力等」，「学びに向かう力，人間性等」が掲げられ，指導要録の評価の観点にも反映されました。また，教科・領域を横断する学習が推進され，子ども自身による「主体的・対話的で深い学び」の促進が，授業づくりの「視点」とされました。

こうした転換は，「新しい学力観」を掲げて1991年に行われた指導要録改訂（前節）から模索され，自ら考え学ぶ力（生きる力）を目標に掲げた1998・99年の学習指導要領改訂，さらにいわゆる「ゆとり教育」路線を大幅に見直したと言われる2008・09年の改訂にも通底していたと見ることもできます。第１節に述べた要素的学力観の克服が，今回の改訂でさらに進められようとしているよ

＊18　西岡加名恵・石井英真・田中耕治（編）『新しい教育評価入門――人を育てる評価のために』有斐閣，2015年。

うにも見えます。

しかし，事はそう単純ではありません。今回の学習指導要領の改訂には，そこに至るまでの議論で掲げられていた，指導事項は減らさないという「教育の強靭化」のスローガンも生き続けています。その結果として，一般的・汎用的な「資質・能力」育成のために教育内容の精選が行われるどころか，かえってその量は増大し，カリキュラムのさらなる過密化を招いているのです。

さらに，学力テスト体制を強化して子どもたちを競争させ，点数の公表による心理的圧力を導引として，学力の底上げと規律の引き締めを図る流れは，今日も途絶えていません。

このように，今次の学習指導要領改訂は教育目標と内容・方法について，資質・能力の伸長と，要素的学力観に基づく学力の獲得という，相矛盾する方向性を孕んだまま行われました。

2　何のためのカリキュラム改革か

2021年1月26日，中央教育審議会は，「『令和の日本型学校教育』の構築を目指して」（答申）を総会で審議・了承しました。この答申は，予測不可能な未来社会を自立的に生き，社会の形成に参画するための資質・能力の育成を学校教育の目標として掲げ，「個別最適な学び」と「協働的な学び」の一体的な充実を図っていく方針を示しています。

この答申がイメージする予測不可能な未来社会は，現在（2021年）の自民党政権の経済成長戦略・政策のキーワードである「Society（ソサエティー）5.0」に対応しています。これは，狩猟社会，農耕社会，工業社会，情報社会に続く，目指すべき新たな社会，「ICT を最大限に活用し，サイバー空間とフィジカル空間（現実世界）とを融合させた取り組みにより，人々に豊かさをもたらす」未来社会のことです[*19]。

Society 5.0は，新自由主義的な教育改革を提言する文部科学省の文書の中でも，学校教育が子どもを送り出すべき社会像と関連づけるかたちで用いられています[*20]。

子どもたちには，来るべきSociety 5.0を自立的に生き，つくっていくための「新しい能力」が求められるというわけです。

第４章で述べられているように，「新しい能力」をめぐる議論は，新しい時代の中核的能力指標を本気で策定しようとするものではないのかもしれません。政治的・経済的に支配的な位置を占める人々は，これまでの学力を批判しつくり変えるポーズを示しているだけで，学校教育を通した経済的・社会的不平等と格差については結局のところ是正されないのかもしれません。

そもそも，内実と発揮の仕方の道筋が不確かな資質・能力を伸ばし，発揮せよという言説は，教育的に空疎なものだと言えます。多面的な能力を個人が自由に発揮することを奨励しているようでありながら，組織，労働・雇用形態，知識とスキルの絶えざる再編統合を伴うグローバル化した市場への適合性・貢献性を絶えず評価し続けるものなのです。市場に適合できるかどうか，そのための準備をどのように行えばよいのかが，子どもたちの自己責任に帰せられるのです。

一方で，資質・能力の伸長と矛盾するように思える動きも続いています。一連の学力テスト体制を通して教育の目標とアウトプットの管理・統制を強化することで，教育のプロセスについての統制・画一化が日常的に進行する体制が築かれつつあります[*21]。

「令和の日本型学校教育」が求める教育内容・方法の転換は，「新しい能力」とそれを育てるための学習の転換（「個別最適な学び」と「協働的な学び」）を掲げています。しかし，それは誰のためでしょうか。こうした転換は，既存の政治的・経済的利害関心と結びつき，教育における不平等と格差を子ども自身の責

＊19　第５期科学技術基本計画（2016年６月15日閣議決定）で，「超スマート社会」として提起され，その後「Society5.0」ということばに置き換わっていきました（野村康秀「Society5.0―アベノミクス成長戦略のキーワード―は，なぜ胡散臭く受け止められるのか？」日本科学者会議（編）『日本の科学者』2019年３月号）。

＊20　Society5.0に向けた人材育成に係る大臣懇談会・新たな時代を豊かに生きる力の育成に関する省内タスクフォース「Society5.0に向けた人材育成～社会が変わる，学びが変わる～」2018年６月５日。

＊21　吉益敏文・濱田郁夫・久冨善之・教育科学研究会（編）『検証・全国学力調査――悉皆式を止め，抽出式で３年に一度で』学文社，2021年。

任に帰するものではないでしょうか。

3　子どもたちのために教育目標と内容・方法を問い直すこと

教育実践において，教師は子どもたちの生きている歴史的・社会的情況に即しながら，かれらの学習要求に応答するという基本的なしごとに即して，自らが望ましいと考える教育目標と内容・方法を常に問い直しています。子どもにとって学ぶ価値のある内容はいったい何であり，何のためにそれを学ぶのか，そうした内容をわかち伝えることが可能なように組織化するとはどのようなことなのか。こうした問いが，教育実践において必然的に生じ，教師が子ども，保護者，地域社会の人々と共同しながらそれに応答するプロセスのなかに，教育目標と内容・方法を創造的につくり変えていく契機を見出すことができるのではないでしょうか。

学校教育の目標と内容・方法は，そのときどきの社会の経済的・政治的支配層と統治機構によって，国民国家や地域社会を維持・発展させるための手段となってきましたし，いまもそうだと言えます。

ですが，もう一方で，学校教育の普及は，科学・文化知識がより広範な国民のものになる機会をも開きました。既存の社会の再生産に対抗的な学校，国の富をより公平に分配する新たなパターンを生み出す学校をつくり直し，貧困を抱える子どもや文化的・社会的な不利を抱えている子どもに対して，かれらが疎外され目的を喪失し，力を奪われた状態に対抗することに資するような教育内容・方法をどのようにつくり出していけるか。政策的にも，実践的にも，私たちが追求していくべき課題です。

まとめ

かつて「教育の現代化」をスローガンに進められたのは，科学技術の進歩と産業の構造変化に即した教育内容・方法の高度化でした。雑多な指導事項を構造化・精選することを意図したこの動きは，学力・学歴獲得競争の拡大に伴う要素的学力観の浸透によって，教育内容がかえって過密化する結果に至ります。

受験学力批判と教育の個性化と多様化への要請は，教科の枠組みを横断する教育内容と子どもの学びを中心にした授業への転換へと繋がります。ただし，この転換は，要素的学力観を基調にした基礎学力重視の考え方と，PISA が測定するリテラシーを重視する学力観とのせめぎ合いの中で，教育目標と教育・内容のあり方に関する政策的な混迷をもたらしました。

現在は，「資質・能力」なるものに総称される一般的・汎用的な能力（「コンピテンシー」）概念にもとづく教育課程の再編が推し進められています。しかし，過密な教育内容・方法を温存したまま教育現場に押しつける動きも並行しています。私たちに求められるのは，新しい時代を生き，つくっていく子ども自身のために，あるべき教育内容・方法を考え実現することです。

さらに学びたい人のために

○久冨善之『競争の教育――なぜ受験競争はかくも激化するのか』労働旬報社，1993年。

戦後の教育が競争によって支配されていく状況を，学力・学歴獲得競争の性格変化を捉えつつ分析しています。さらに，競争を通した進学先と進路の割り振りが自己責任として正統化されるメカニズムを描いています。

○佐藤興文『学力・評価・教育内容――現代教育からの考察』青木書店，1978年。

1970年代に刊行されたものですが，科学技術振興や産業構造の変化などの要請に対して，教育の目標と内容・方法の変化がどのように起こるのか，どのように変えていくことが望ましいのかについて，今なお多くの示唆を与えてくれます。

○石井英真『授業づくりの深め方――「よい授業」をデザインするための５つのツボ』ミネルヴァ書房，2020年。

授業づくりをどう進めるかという観点から，教育内容・方法をどのように見直していくべきかについて，具体的な事例も豊富に交えながら見通しを与えてくれる一冊です。日本の教育実践の蓄積のなかで継承していくべき点と，新しい時代のなかで変革していくべき点がバランスよく取り上げられています。

第3章

情報化の進展と学校教育

学びのポイント

- 学校教育に対して，情報化の進展がどのようなインパクトを持っているのかについて学ぶ。
- これまでの学校教育が前提としてきたメディアとコミュニケーションについて理解する。
- 教育の情報化によって学校教育の前提が変容し学校制度そのものへの変容に及ぶ可能性があることを学ぶ。
- 教育の情報化において，どのような構想がどのような目的で登場してきているのか，代表的な事例を取り上げて学ぶ。
- 教育の情報化について，私たちがどのように考え，議論していく必要があるのかについて学ぶ。

WORK　教育の情報化について深く考えてみよう

1．自分で経験した教育の情報化について話し合ってみよう

これまでの学校生活のなかでICTや新しいメディアを用いた学習があれば，思い出しながら，そのメリットやデメリットについて，とくにスムーズに学習が進まなかったなどの点を含めて話し合ってみよう。

2．教育の情報化について政策や実践を調べてみよう

教育の情報化に関するさまざまな政策や実践からいくつかを選び，誰がどのような目的（ねらい，効果，必要性など）で何を導入しようとしているのかについて整理してみよう。そこで気づいた特徴や問題点について話し合ってみよう。

3．これまでのICTやニューメディア教育を調べてみよう

これまでどのようなICTやニューメディア教育が行われてきたのか，1970～90年代の古い「新技術」について調べてみよう。今から見るとどう感じるのか，何がどの程度学校教育に根付いたのか，逆に根付かなかったものについては，なぜ根付かなかったのか，について話し合ってみよう。

4．スマホは教室の情報ツールになり得るか，実験をしてみよう

ある文書を用意してスマホで入力するのとパソコンで入力するのとどちらが速いか比較してみよう。スマホでノートをとることができるか，論文やレポートが書けるか，メモがとれるかなどについて実験して話し合ってみよう。

導　入

教育の情報化とは，狭義にはパソコンやタブレットなどの機器や電子ネットワークを導入することによって，教育活動や学習が進化することを指します。2019年6月には「学校教育の情報化の推進に関する法律」が公布・実施されました。これにより「学校における情報通信技術（引用者：以下本書では ICT（Information and Communication Technology）とする）の活用により学校教育が直面する課題の解決及び学校教育の一層の充実」が図られ，学校への ICT の導入がいっそう加速されていくことになりました。

他方，社会の情報化ないしは情報化社会とは，社会の中で情報が資源としての価値を持つようになり，そうした情報をやり取りする新しいメディアの発達によって社会に大きな変化がもたらされる状況を意味します。かつての学校教育は，子どもに与える（公的な）学習情報を独占してきました。しかし，社会の情報化によって，そうした学校の独占性は揺さぶりをかけられていると見ることができます。本章では，学校教育の情報化と社会の情報化という2つの側面から，これからの学校教育がどのような方向に向かうのか，そこで私たちはどのようなことに注意する必要があるのかについて，考えていきます。

1　「学校社会化」と「情報社会化」

まずは，ICT や映像メディア・デジタルメディアの発展により，情報化という現象が顕在化してきた1960年代以降，学校とそれを取り巻く社会がどのような関係になってきているのかについて大枠を見ていきます。その関係を的確に捉えたものとして藤田英典の「学校社会化」と「情報社会化」の議論を取り上げることができます[*1]。そこでは，2つの相容れない動きが同時に生起していると指摘されています。

藤田によれば，第一に，学校に行くことが当たり前となる「学校社会化」という動きがあると指摘します。これは明治期以降徐々に強まってきており，

＊1　藤田英典「学校化・情報化と人間形成空間の変容——分節型社縁社会からクロスオーバー型趣味縁社会へ」『現代社会学研究』第4巻，1991年，1～33頁を参照。

1970年代に高校進学率が90％を，2000年代に大学進学率が50％を超すなど現在に至るまで続いています。学校で学ぶことこそが公的な学びであり，またそれが子どもの発達段階にあったふさわしい学びという価値観を根付かせながら，「学校社会化」は進展してきたといいます。この意味で，学校は子どもたちの公的な学びを特権的に独占してきたと言うことができそうです。このとき学校とは，真面目や勤勉さなどを重んじる特殊な規律空間であり，わざわざそのような空間に子どもを囲い込んで育てるような社会に私たちは生きていると見ることができるのです。

第二に，この「学校社会化」の進展と同時に，「情報社会化」もまた進展してきていると藤田は指摘します。藤田の「情報社会化」とは，いわゆる情報化と軌を一にする現象ですが，そこでは学校と相容れない価値を有している点が強調されています。学校とは，子どもの発達段階に合わない情報（性の情報や上級学年の学習内容等）を排除したり，コントロールしたりする機関であると見ることができますが，「情報社会化」におけるマスメディアの発達は，この情報コントロールを無化する働きがあるというのです。すなわち，テレビ等はスイッチをつければ子どもであっても分け隔てなく情報を与えてしまいます。しかも，そこで流通する価値観は，学校の規律的価値と相容れない“面白主義”で刺激に満ちていることもあり，ときに享楽的，退廃的であることもあるわけです。翻って PTA など教育関係者がテレビやスマホ等を俗悪視してきた理由も，この対立図式から考えることができます。2つの社会が同時発展する中で，学校が子どもに健全な情報のみを与えようと頑張っているのに，「外の世界の堕落ぶりは何だ」ということになりやすいのです。

2　近代学校教育のコミュニケーションとかつてのニューメディア

ここからは，学校が前提とする手書きや対面一斉授業といった特質が情報化の進展の中で揺らぐ可能性があることを見ていきます。まずは，そもそもこれまでの学校がどのようなメディアとコミュニケーションによって成立していたのかを整理したいと思います。

私たちが通う学校とは，明治期に成立した近代学校教育と言うことができます。ICT を中心としたニューメディアが学校教育にどのようなインパクトを持っているのかを考えるにあたり，まずは近代学校教育にはどのようなコミュニケーションの特徴があり，どのようなメディアによって支えられてきたかを確認しておくこととしましょう。もちろん，学校教育といっても内実は多様ですが，典型的には以下のような特徴があると言えそうです。

①対面でのコミュニケーション

１つ目の特徴は，実際に児童生徒が教室等の場所に対面で集まることによって学びの中心となる授業が成立しているということです。それまで農村などでは，子どもたちも働き手として期待されていましたが，学校教育は子どもたちを家庭から引き剝がし学校に囲い込んでいると言うことができます。さらに児童生徒は学級という比較的小集団を単位として学校生活をおくり，そこでは，お互いを理解するということが求められる傾向にあります。このように通信制という特別な形を除くと，近代学校制度の基本的特徴とは，児童生徒が（わざわざ）毎日，通学してきて対面で顔を突き合わせる中で教育が行われることです。近代以前の社会では，全ての国民が学校に通うという仕組みはなく，学校は近代社会に必要なものとして設計・整備された仕組みということが言えます。

②一斉授業

２つ目の特徴は，一斉授業ということが挙げられます。今では，学校に染み付いた形の教室や授業ですが，寺崎弘昭が指摘するように，これらは発明された仕掛けであったということを確認しておく必要があります[*2]。①通常の授業が行われる教室（クラスルーム）は，ほとんどの場合，教師に対して児童生徒が対面式に着席する机・椅子が配置されており，②授業の形式としては，先生の説明を児童生徒たちが聴講するというものが基本形となっています。こうした授業形式は，近年の教育改革において「受動的なもの」という批判がなされていますが，実は発明されたものでした[*3]。近代社会以前にも教育機関はありまし

＊２　寺崎弘昭「近代学校の歴史的特質と〈教育〉――『学校』の近代を超えて」堀尾輝久・奥平康照他（編）『学校とは何か（講座学校第一巻）』柏書房，1995年を参照。

＊３　寺崎，前掲書。

たが，裕福な層の子どもに限られていましたので個別学習に近い形をとることができました。大勢の児童生徒を限られた資源で，すなわち安価で教育しなければならない状況において，上記の教室のような仕掛けや一斉授業が発明されたと言ってよいでしょう。付言すれば，寺子屋もまた個別学習でありました。

③鉛筆・ノート

3つ目に，これらの教育システムを基底部分で支えているメディアとして鉛筆とノートを取り上げることができます。

なにより対面で行われる一斉授業と鉛筆・ノートというメディアは，きわめて相性がよいと言うことができます。鉛筆・ノートの長所を挙げれば，第一にIT 機器に見られるような起動時間の問題や故障・電池切れを気にせず，即時にクラス全員がスタンバイできることが挙げられます。紙冊子である教科書もこのことに貢献しています。

第二にノートテイキングのやりやすさです。日本の伝統的筆記具である毛筆と和紙を用いてノートテイキングを行うのは難しいでしょう。鉛筆・ノートを用いることで子どもでも比較的細かい字を書くことができ，しかも誤って書いてもすぐに消しゴムを用いて修正することができるのです。実は，佐藤秀夫が明らかにしたように，この鉛筆・ノートこそが，現代にまでつながる近代教育をつくり上げたニューメディアだったと言うことができるのです[*4]。

佐藤によれば，実際に鉛筆・ノートが普及したのは明治中後期になってからであり，それまでは暗誦を中心とする真の詰め込み型教育が行われていました。鉛筆・ノートによって，ドリル，実験記録，作文など学習の幅を広げつつ質を高めることが可能となったのです。私たちは，「講義形式＋ノートテイキング」という授業スタイルを受身的な学習と見る節がありますが，このようにノートテイキングもまた学習の質を上げる革命の1つであったと言うことができるのです。

鉛筆・ノートこそが明治期に教育革命を起こしたニューメディアであったと見ることができ，しかも，それが現代の教育にも大きな影響を及ぼしているこ

＊4　佐藤秀夫『ノートや鉛筆が学校を変えた――学校の文化史』平凡社，1988年を参照。

とを認識しておく必要があります。実際，小学校では，鉛筆への強いこだわりがあり，ときにシャープペンシルを禁止するというようなことがあるほどです。しかも OECD の調査によれば，日本の国語の授業におけるデジタル機器の使用率は国際的に見て最も低い水準となっているといいます[＊5]。このように日本では，子どもがタブレット等ではなく，紙メディアと鉛筆（手書き）で行うことこそが，学校段階にふさわしいという考え方が強いのですが（近年，批判もありますが），このことはノートと鉛筆という当時のニューメディアのインパクトの大きさを物語っています。翻って，それゆえに，すぐに ICT を用いた文書閲覧・作成環境に移行しづらい状況があるのかもしれません。

3　教育の情報化は何を変えるのか

つぎに学校教育に ICT を導入することがどのようなインパクトを持つのか見ていきましょう。以下，①旧来のメディアではできなかったことを ICT が補完する側面に触れ，そして，より重要なことに②近代学校教育のあり方そのものをも一変させる可能性があることについて検討していきます。

1　授業資料の映像化・デジタル化

まず，紙メディアでは実現できなかったことを映像ないしはデジタルメディアで補完するという利用があります。副教材や資料集等で提示できなかった資料を映示したり，スライドで授業を行ったりするということです。画像にとどまらず映像を示すこともでき，近年では 3D のイメージをシミュレーションで伝えることもできます。

こうした映像メディアの利用は，古くは映画を教育に用いる「視聴覚教育」という形で戦前期から構想・実践されてきました。紙に印刷された活字・画像を超えて，映像や音声を用いた教育ということになります。視聴覚教育を代表

＊5　文部科学省・国立教育政策研究所「OECD 生徒の学習到達度調査（PISA）2018年調査補足資料・生徒の学校・学校外における ICT 利用」2019年，４頁を参照。

する教育学者のE.デールは，これらのメディアを通じた経験は，現実そのものではなくとも，それに近しい「半抽象的経験」という特質があると理論化しました。[*6]現在では「視聴覚教育」の言葉自体は廃れたものの，高校等にある「視聴覚教室」などにその名残を見ることができます。

他方，一般の教室で映像メディアを使う際に，黒板を中心とした伝統的な設備との間に齟齬を生じることが少なからずあることにも注意が必要です。すでに児童生徒が教室に集まってスタンバイしているのに，機器の起動・準備や不具合からのリカバリーに時間がかかるなど，ときに時間のロスが生じることがあります。教室によっては，わざわざプロジェクター等を持ち込んで設置したり，黒板がスクリーンによって隠されたりしてしまう（黒板を使うときにスクリーンを上げる必要がある）というような設備的な問題がある場合もあります。これらは，旧来的な学校システムとの間の齟齬によって生じた時間的なロスや設備的な矛盾と言うことができるでしょう。

2　学習の個別化と学校教育の変容

ここからは，学校教育を根本的に変えるほどのインパクトをもつICTの実践について見ていきます。近年，積極的に学校教育を変えようという狙いを持った政策構想が打ち出されてきています。その1つとして2018年からプロジェクトの成果が公開されてきた経済産業省の「未来の教室」事業は，とりわけ旧来の学校を変える狙いが明確な注目すべきプロジェクトと言えます。これを題材にICTがどのように学校教育が前提としてきたものを変容させる可能性があるのか，具体的に見ていきたいと思います。なお，近年，このように技術の力で教育を変革していこうとする動きをEdTech（EducationとTechnologyを組み合わせた造語）と呼ぶようになっています。[*7]

＊6　エドガー・デール，西本三十二（訳）『デールの視聴覚教育』日本放送教育協会，1957年等を参照。

＊7　国内のEdTechの展開については，井上義和・藤村達也「教育とテクノロジー：日本型EdTechの展開をどう捉えるか？」『教育社会学研究』107，2020年，135～162頁に詳しい。

「未来の教室」の中心にあるのは，ICT・デジタルメディアの導入による学習の個別化だと言えます。一斉授業では多様性に対応することが難しく，どの学力層をターゲットにして授業を行うかがつねに課題となってきました。これに対して（ICTを用いた個別ドリルや，映像による受講等が中心になると思われますが）個別学習ならば個別のつまずきや弱点をカバーすることが可能になるかもしれません。さらには，発達障害・学習障害を抱える子どもたちにも，その子に合わせた対応が可能になると考えられています。こうした個別学習を支えるのはAI技術等を利用したICTということになり，「未来の学校」では，「パソコンを『新しい文房具』と考え」ること――鉛筆・ノートにこだわらないというわけです――が提唱されているのです。

もっともこの個別学習自体は，1960年代に構想された初期のCAI（Computer Aided Instruction）においても打ち出されていた理念でした[*8]。そこでは，コンピュータが適切な学習刺激を与えることによって学習が進むと理論化されました。コンピュータを用いて学習を個別化すること自体は，それほど新しい構想ではないのです。

むしろ「未来の教室」の新しさは，この延長線上に位置しつつ，さらに個別学習によって学校の社会的ありようを変えることを明確に企図している点にあります。「未来の教室」の個別学習は，授業内の課題のレベルのみならず，学期を通じた学習計画のレベルに及んでいます。ここでは「学習者と保護者は，それをもとに，教師・専門家等から支援を受けながら『個別学習計画』を策定し，随時更新しながら，学び続ける[*9]」というように，一斉授業の履修に変えて個別学習計画が立てられます。個別学習が貫徹されると，同じ学級の児童生徒が常に顔を突き合わせて行う画一的なカリキュラムを必要としなくなり，カリキュラムは児童生徒一人ひとりの能力・特性・個性に応じて個別的に設定されることとなります。

「未来の教室」は，学生成果の認定の仕組みの再編成を迫ります。これまで

＊8　坂元昂『教育工学の原理と方法』明治図書，1971年を参照。

＊9　経済産業省「未来の教室ってなに？」。https://www.learning-innovation.go.jp/about/#01（2019年12月26日閲覧）

の学校教育は，学年を単位として学習が進んでいく仕組みでしたが，これを個別化させようというわけです。

> どれだけの時間，授業に出席したかを基準とする「履修主義」ではなく，かけた時間を問わず，理解度・達成度を客観的に測定する「到達度主義」に基づく評価と，それに基づく授業編成を導入すべき[*10]。

ここでは，一定の授業時数を履修するのではなく，実際の到達度に基づいて評価しようということが企図されています。日本の学校制度は，極力「落第」させないように運営されてきました。それゆえ，到達度に達しないままに次の段階に進むことがかえって「落ちこぼれ」を生む弊害――ときに割り算ができない中学生が存在してしまう――を生じさせるとも言われてきました。しかし，個人の到達度に基づき，その子のペースで学習が進めばこの問題は緩和されるはずです。

しかしながら，それゆえに「未来の学校」は，学校教育システムの基盤となっている学習指導要領に変更を迫ります。すなわち，「標準授業時数や，学習指導要領に基づく学年ごとの学ぶべき単元の縛り等の制約を緩和すべき[*11]」との提言がされています。

日本の学校教育は学習指導要領に基づいて，学年ごと（発達段階に応じて）に何を学ぶかが決められ，そこをミニマム・リクワイアメント（最低限必要な学び）とすることで全国の児童生徒の学びの質をコントロールしてきたのですが，個別学習を前提とした場合には，そうした仕組みは相容れないということになります。より高次の学習に進める児童生徒は，学年に関係なく次の段階に進んでよいということになるからです。これは，民間の塾・教育産業では当たり前に行われていることもでもあります。

考えてみれば，学校に児童生徒を囲い込んで一斉授業を行う方式とは，語弊を恐れずに言えば，安価に大勢の子どもを教育するために近代になって発明さ

＊10　経済産業省「未来の教室」とEdTech研究会「『未来の教室』ビジョン第２次提言」2019年，３頁。
＊11　経済産業省「未来の教室」とEdTech研究会，前掲，３頁。

れたものでした。ところが，新技術によって個別学習が可能となり一斉授業に縛られない仕組みができると，学校制度を支えてきた諸前提が一気に変わる可能性も出てきました。「未来の学校」とは，新技術によって学校制度そのものの変容を企図するプロジェクトであり，現在はまだ実験段階ですが，さまざまな取り組みが展開されています。

3　対面集合状況からの解放

通信制等の一部の特殊形態を除き，これまでの学校は，リアルな場所に「登校」することによって学習が行われてきました。しかし，「未来の学校」では，こうした伝統的な場の概念を変えることも提唱されています。

ここでは「義務教育段階においても採用可能な，ネットとリアルを融合させた『新しい対面型』の学び方を検討し，導入すべき[*12]」としています。このとき児童生徒が教室等に集まっている時間には，その利点を最大限に生かしてPBL（Project Based Learning）やディスカッション等の対話的な学習を行い，個別で学習できる部分についてはITを用いた学習を採用するというのです。

すでに「N高等学校」などの広域通信制高校では，こうしたハイブリッドな学習が行われてきており――プロを講師としたネットでの部活動や，オンラインゲームの場にクラスで参加する「遠足」もある――こうした新しい学習への実験が積み重ねられてきています。さきに触れたように個別学習としてネット学習（おもにドリルや授業配信）を用いるのであれば，どこからでも，いつでもつなげて学習ができるというネットのメディア特性を活かせるだけでなく，対面的状況でのICT利用とは異なり，トラブルが起きたときに他の多くの生徒を待たせることにならないというメリットもあります。

さまざまな場所からアクセスして行われるネット学習が正規の学びと認められると，登校／不登校という概念自体も変わっていく可能性もあります。これまでの学校では不登校とされていた事例でも，正規の学びに参加することが可

＊12　経済産業省「未来の教室」とEdTech研究会，前掲，16頁。

能になるからです。「未来の学校」でも，「『不登校』という概念そのものを解消」[*13]できることが指摘されています。

このように教育の情報化は，これまでの学校が縛られてきた対面的状況から生徒を解放していく可能性があります。しかしながら，同時に2000年代初頭の米国でのバーチャル大学ブームの頓挫のように，ネット学習が持つ可能性の大きさとはうらはらに社会に受け入れられない場合もあること——人々はネットよりリアルの大学を信用した——も忘れてはなりません。社会に受け入れられ定着していくためには，実験を積み重ね，人々のいっそうの「慣れ」や親和性が形成される必要があるように思われます。

4　学校教育と民間教育サービスの融合

さらに個別学習と到達度による学習管理は，学校教育の独占性・特権性を切り崩す可能性も有しています。これまでの学校教育制度では，学校こそが正規の学習であるとされ，塾などのそれ以外の学習機会は非正規のもので，そこでの学習履歴や模試の結果は公的には意味がないものとされてきました。しかしながら，考えてみれば，到達度に到達できさえすれば，その学習プログラムの提供主体が学校であれ塾であれ，学習そのものは等価ということなのかもしれません。先程から取り上げている「未来の学校」では，この点について「学校×民間教育×産業界等で作っていく」[*14]こと，具体的には民間教育のコンテンツ・学習アプリや人材活用などが構想されています。すでに放課後等の学習支援として，民間の学習アプリを導入している学校もありますが，「未来の学校」ではより深く（正規の学習として）学校に取り入れていく方向性が打ち出されているのです。

ただし，佐藤学が鋭く指摘するように，学校教育をめぐるグローバル市場は自動車産業をしのぐ規模へと成長を遂げつつあり，それを巨大IT産業が狙っているという構図があります[*15]。こうした背景を押さえておくことが重要です。

＊13　経済産業省，前掲＊９。
＊14　経済産業省，前掲＊９。

5　学習ログとリスク評価

ネットやITを利用した個別学習では，学習記録をきめ細かくつけることが可能であり，それに基づいて最適な――弱点があれば，それを補うような――学習課題を提示することができます。こうした記録を（学習）ログといいますが，技術的にはいつアクセスしたか，回答にどれくらい時間がかかったかなどの情報もログに残すことが可能です。このログがあることで，きめ細かな個別学習が可能になると言ってもいいのですが，反面，ログがどのように取り扱われるのかについて，私たちは注意が必要です。

カナダの社会学者のデイヴィッド・ライアンは，現代の監視社会とは，こうしたログ――すなわち個人のアクセス記録など活動の記録――がデータベースに登録されることだと鋭く指摘しました[*16]。実際，日本社会でも民間企業が運営する大学生の就職サイトのアクセス記録から，内定辞退率が予測され，内定先等の企業に販売されていたという事件が起きました[*17]。ここでは一人ひとりのログを集めたビッグデータの分析から，こういう傾向のある学生は内定を辞退しやすいというようなことを割り出していたのです。もちろん，情報が販売された結果，直接の不利益が個人に及んだかは定かではありませんが，細かなアクセス情報が監視（データベースに蓄積）され，個人がどれくらいのリスク要因を有しているのかが評価されていたということは確かです。

学習記録もまた，このようなリスク要因の割り出しに使われる可能性を十分持っていると言うことができます。すなわち，学校段階の学習の様子から，将来，このような傾向を持った社会人になりやすい（会社を辞めやすい等を含む）などの分析がなされる事態が考えられるのです。そこでは，テストの結果のみならず，アクセス記録から勤勉に取り組んでいるか，夜型になっていないかな

＊15　佐藤学『第四次産業革命と教育の未来――ポストコロナ時代のICT教育』岩波ブックレット，2021年。

＊16　デイヴィッド・ライアン，河村一郎（訳）『監視社会』青土社，2002年を参照。

＊17　「『個人情報どう使われた？』就活生に広がる不信――リクナビ内定辞退予測問題，データビジネスにも影響」『産経新聞』2019年9月1日。https://www.sankei.com/article/20190901-JGV2QROSQBIL5BVQZLS4IXXGFM/（2021年8月30日閲覧）

どが判定され，利用されるかもしれません。しかも，こうした情報の一部は，学習アプリ等を通じて民間企業に収集・蓄積されていくことが考えられます。さらに，将来的には，これらの学習情報が入試や就職活動に使われたり，進学先や就職先に渡されたりするというようなこともありうるわけです。

学習や学校生活の公的な記録は，内申書という限定的な形で入試に用いられていますが，近年，この情報の引き渡しを拡大しようとする動きも見られます。その代表がｅポートフォリオという電子化された学習履歴をまとめた資料であり，学習指導要領にある「主体的に学習に取り組む態度」の評価に利用できると言われています。ｅポートフォリオについては，2021年現在，実施組織の運営上の問題で頓挫していますが，この方向性自体は進行中と見るべきで，どのような情報が将来にわたりやり取りされるのか，まだ全貌は見えてきていません。

普段の学習の記録がデータベースに残されたり，学校生活での取り組みがｅポートフォリオ等に記録されたりするとき，一定のメリットがある一方でデメリットも考えられます。たとえば，日々の学習の記録が入試等で使われると言うことで，記録に残すために学校生活を編成しようとする窮屈な状況――いやいやボランティアに行ったり，主体的に取り組んでいるふりをしたり――が今よりもいっそう進んでしまいかねません。また，入試をテコにして児童生徒を誘導できるならばそれはいいことではないかというような考え方があるなら，それはまさしく監視的管理と言うべきでしょう。

4　教育の情報化の進展をどう考えるのか

これまで見てきたように①教育の情報化とは，デジタルメディアやIT 機器などが学校教育に導入されるだけでなく，情報化社会の発展により，学校が教育の主導権を独占できなくなることを含んでいます。そうした中で②学校教育にIT 機器が導入されメディア環境が変容することで，近代学校制度が前提としてきた対面集合式一斉授業――それを鉛筆・ノートが下支えしていた――を変容させる可能性があること，③その結果，学校制度の成り立ち自体を組み替えるところにまで及ぶということを見てきました。

2019年より，義務教育段階の児童生徒を対象に1人1台のパソコン・タブレットPCや校内LAN・Wi-Fi等を整備する「GIGAスクール構想」の政策が進行中です。ノートパソコン等を生徒に配ることは，新しい学習の基盤を整備することであるものの，それ自体がユートピア的な学習を実現するものではありません。こうした中で教育の情報化をどう進めていくのか，そのあり方を社会的に議論しながら考えることが重要になります。筆者は，このときのキーワードは社会的「合意」だと考えています。ICTによって既存の学校システムが変容するといっても，なし崩し的に望まざる姿になっていたというようなことがないようにしなければなりません。情報化の推進者たちの言葉は，「これこそが未来の姿で時代遅れの仕組みは廃止せよ」「導入しなければ生き残れない」など，ときに強い語気を伴いながら，それが既定路線であるかのように語りかけてきます。しかしながら，そうした学校教育が本当に必要なのか，ICTを何のためにどのように用いるのか，どこに問題があるのかを吟味しつつ，社会的な合意を形成していくことが必要です。

このときとくに注意しなければならないのが，学校の学びは選抜に用いうる評価とセットになっているということです。ネット学習の日常的なログが膨大に収集され選抜に用いられるなど，選抜のあり方に波及することも考えられ，システム全体を見ての「合意」形成が必要となります。ここでは単純に「学習が効率的になる」「一人ひとりに対応できる」という論理のみで判断するといったことがあってはなりません。

また，新しいメディアやICTを用いた教育実践は，「未来の先取り」を感じさせるかもしれませんが，こうした考え方についても本当にそうなのか考える必要があります。少なくとも1970年代にパソコンが登場してからずっと，最新の機器を用いた教育実践がなされてきました。それはその時点では未来を感じさせるものであっても，振り返ってみればとても古臭いものでもあります。ICTはつねに発展途上段階であり，すこし前のものが古臭く見えやすいということも言えるかもしれません。ここで起きていることは，未来の先取りというよりも発展途上の未熟な技術との長いお付き合いと見るべきかもしれません。

そして，いまはまだICTは学校社会に根付く前の段階であり，初期の実験をしているにすぎないと見ることができます。実際には，学校を変えると喧伝されていたものが，意外に限定的な効果にとどまったということも少なくありません。さまざまな実験を通じて効果を吟味しつつ，どう「合意」を形成していくか，こうした考え方が重要になるように思われます。

まとめ

教育の情報化を考えるにあたっては，新しさを取り除いたら何が残るのか，こうした考え方が重要になるのではないでしょうか。学校が変わることに「未来」を感じ，翻って，それが先進的なもの――すなわち「いいもの」――であるかのように考えることは厳に慎まなければなりません。このような見方は，一種の思考停止と言えるかもしれません。いまは実験を積重ねている段階であり，最終的にそれがさまざまな波及効果を含めて本当に理想の状態にたどりつくものかを判断し，そうしたものをどう受け入れていくかについて合意を形成することが必要となります。現在の教育の情報化の議論では，こうした合意形成についての議論が決定的に欠如しています。私たちは，「未来」の幻惑に惑わされず，この合意形成に至るための実験と議論を積み重ねていく必要があります。

さらに学びたい人のために

○佐藤学『第四次産業革命と教育の未来――ポストコロナ時代のICT教育』岩波ブックレット，2021年

教育市場がグローバルIT企業の「ビッグビジネス」化している状況（自動車市場をしのぐ規模）など，本章の動きの背景について詳述されており，この領域の必読書です。

○文部科学省「教育の情報化に関する手引―追補版―」2020年。

文部科学省が教育の情報化の考え方についてまとめたもので，これに対応するという考え方ではなく，そこにどのような論理があるのかを読み解くつもりで読んでみてください。

○新井紀子『AI vs. 教科書が読めない子どもたち』東洋経済新報社，2018年。

AIによる入試問題解答プロジェクトの開発者よる一般書で，AIに関する基礎知識とそれが未熟な段階の技術であることを学ぶには好適です。

○北田暁大・大多和直樹『子どもとニューメディア（リーディングス日本の教育と社会　第10巻）』日本図書センター，2007年。

教育の情報化にかかわる広範な現象について，社会学・教育社会学の必読文献を集めた論文集。これをベースに新しい文献を読んでいってみてください。

第4章

学力問題の動向

● ● ● 学びのポイント ● ● ●

- 学力低下論争以後の，大まかな学力論争の流れを知る。
- 学力格差について学ぶことが，より平等な社会を築くために重要であることを知る。
- 「新しい能力」の概要と，その問題点について知る。
- 拙速な教育論議を鵜呑みにしない態度を養う。

WORK　テストの点数と世帯収入の関係

表は，全国的な学力調査のデータをもとに，各教科の点数と保護者の世帯年収の関連を示したものです。この表を見て，テストの点数と世帯収入のあいだにどのような関連があるか検討してみましょう。また，なぜそのような関連が生じるのか，考えてみましょう。

「世帯収入（税込み年収）」と学力の関係

	小6					中3				
	国語A	国語B	算数A	算数B	%	国語A	国語B	数学A	数学B	%
200万円未満	67.3	48.5	69.7	35.6	5.0	70.2	61.9	51.2	38.0	5.8
200万円～300万円	69.6	50.7	72.0	38.9	6.7	71.8	64.5	54.9	40.3	7.4
300万円～400万円	70.6	52.2	73.5	39.8	10.1	74.0	67.8	58.4	42.7	10.1
400万円～500万円	73.2	55.3	76.7	42.7	12.2	75.6	70.0	61.2	45.0	11.7
500万円～600万円	74.7	56.7	78.5	44.9	13.2	77.4	71.9	64.0	47.0	12.4
600万円～700万円	75.5	58.2	79.1	46.5	11.8	78.8	74.4	67.0	49.6	11.6
700万円～800万円	76.7	60.2	81.0	48.2	9.8	79.5	75.1	68.7	51.3	10.5
800万円～900万円	77.8	61.5	82.6	50.4	6.7	81.1	76.8	71.2	53.5	6.9
900万円～1000万円	79.0	62.4	84.2	52.1	5.5	80.5	76.4	71.2	53.5	5.7
1000万円～1200万円	80.5	65.5	85.9	56.3	6.3	82.4	78.9	74.3	56.2	6.2
1200万円～1500万円	81.4	66.6	87.1	57.1	2.9	82.8	79.6	74.4	57.5	2.8
1500万円以上	82.3	66.7	87.4	58.9	2.3	82.5	78.8	73.9	56.8	1.9
不明	74.1	56.3	77.7	45.3	7.6	75.8	70.3	62.5	46.1	7.2

出所：お茶の水女子大学「保護者に対する調査の結果と学力等との関係の専門的な分析に関する調査研究」2017年，13頁。

●導　入●●●●●●●

本章では，2000年前後に始まった「学力低下」論争以後の日本の学力問題の動向について学んでいきます。そこにはさまざまな論点がありますが，本書では，とくに次の2つに注目して議論を進めます。1つは，「学力の格差」です。なぜ学力の格差が問題なのでしょうか。そして，なぜ学力の格差が生じるのでしょうか。もう1つは，現代社会で求められている「学力」とは何なのか，という問いです。情報化・グローバル化が著しい現代社会では，これまでの学校教育では対応できない「新しい能力」が必要であると考えられています。本章では，こうした「新しい能力」をどう捉えればよいのかについて考えます。

●●●●●●●

1　21世紀の学力問題

学力問題のやっかいなところは，そもそも日本語の「学力」という言葉が多義的で，曖昧だという点にあります。「学力」をテストの点数だと考える人もいますが，少なくない人が「学力＝テストの点数」という考え方には違和感を持つと思います。実際，日本の「学力」をめぐる議論でも，テストの点数の高低に留まらず，今後の社会でどのような「学力」が必要とされているのか，そのために教育制度はどうあるべきなのかといった，大きな問題が論じられてきました。まずは「学力低下」論争と，その後の学力問題の動向について整理しておきましょう[*1]。

第2章でも触れられているように，2000年前後から，日本の子どもたちの学力が低下しているのではないか，という議論が盛んに行われるようになりました。いわゆる「学力低下」論争です。その背景には，学習内容を厳選し，教える内容を減らそうという当時の教育改革（いわゆる「ゆとり教育」）に対する危惧があったと言えるでしょう。ただ，ここで確認しておきたいことは，「ゆと

＊1　戦後の学力論争に関心のある方は，たとえば石井英真「学力論議の現在――ポスト近代社会における学力の論じ方」松下佳代（編著）『〈新しい能力〉は教育を変えるか』2010年，141～178頁を読むとよい。

り教育」自体は，「受験戦争」と呼ばれるほどに加熱した知識詰め込み型の学校教育を改善しようという意図を持って実施されたものだったという点です。そこでは，これからの社会では単にペーパーテストでよい点を取れるだけではだめで，「自ら学び自ら考える」力こそが重要であるという，いわゆる「生きる力」の重要性が語られていました。

しかしこうした理想は，学力低下の大合唱の中で吹っ飛んでしまいます。当初，学力低下論争は大学生の学力が低下しているのではないかという問題提起から始まったのですが，すぐに議論は公立の小・中学校の子どもたちの学力低下へと広がっていきました。独自の学力調査などによって，実際に点数が低下していることを示す論者も現れ，「学力低下」は社会現象にすらなったのです。[＊2] ただ，当時の日本には学力の変化を把握できる学力調査がなかったため，議論は決定打に欠けました。そんな中，PISA の日本の順位が2000年から2003年にかけて低下し，「学力低下」は事実として受け止められるようになります。

その後2007年には，子どもたちの学習の状況を把握し，指導方法の改善に役立てるために，全国学力・学習状況調査が実施されました。この調査は，現在も続けられており，毎年４月に実施されています。結果の公表は８月頃ですが，毎回，都道府県別の平均点や順位が報道されるので，ご存じの方も多いでしょう。

現在では，学力低下に関する論争は落ち着いています。ただ，全国的な学力調査の重要性が薄れたわけではありません。むしろ，EBPM（Evidence Based Policy Making：エビデンスに基づく政策立案）の重要性が叫ばれるようになったこともあって，子どもたちの学習の成果指標である学力調査は重要性を増しています。

ここまで学力問題の動向を簡単にまとめましたが，１つ注意しておいてほしいことがあります。それは，「学力低下」が騒がれた一方で，テストの点数に限ってみれば，現在でも日本の子どもたちの成績は国際的に見てかなり優秀であるという点です。表４－１は，これまでに行われた PISA の成績を示したも

＊２　当時の議論の状況を知りたい人は，市川伸一『学力低下論争』ちくま新書，2001年が参考になる。

表４-１　PISAの日本の成績（得点と参加国中における順位）

	2000	2003	2006	2009	2012	2015	2018
読解リテラシー	522(5.2)	498(3.9)	498(3.7)	520(3.5)	538(3.7)	516(3.2)	504(2.7)
順位(OECD内)	2～15／28	10～18／30	9～16／30	3～6／34	1～2／34	3～8／35	7～15／37
順位(参加国中)	3～10／32	12～22／41	11～21／57	5～9／65	2～5／65	5～10／72	11～20／77
数学リテラシー		534(4.0)	523(3.3)	529(3.3)	536(3.6)	532(3.0)	527(2.5)
順位(OECD内)		2～7／30	4～9／30	3～6／34	2～3／34	1／35	1／37
順位(参加国中)		3～10／41	6～13／57	8～12／65	6～9／65	5～6／72	5～8／78
科学リテラシー			531(3.4)	539(3.4)	547(3.6)	538(3.0)	529(2.6)
順位(OECD内)			2～5／30	2～3／34	1～3／34	1～2／35	1～3／37
順位(参加国中)			3～9／57	4～6／65	3～6／65	2～3／72	4～6／78

注：(　) 内は標準誤差

出所：SYNODOS（https://synodos.jp/education/21701　2021年６月23日閲覧）より再掲し，最新のPISA 2018のデータを追加している。

のです。

PISAは2000年から３年おきに実施されており，結果発表のたびに，マスメディアを賑わせています。ただ，その紹介のされ方は，やや偏ったものになっています。たとえばPISAの得点には誤差があるため，それを考慮して３～10位といった具合に幅をつけて順位を解釈する必要があるのですが，わかりやすさを重視するためか，こうした誤差に触れた報道は少ないようです。他にも，PISAは読解リテラシー・数学リテラシー・科学リテラシーという３つの主要な領域を評価していますが，各回の調査では，主たる領域とする１領域を重点的に調べ，残り２領域は全員がテストを受けているわけではありません。そのため，綿密な比較ができるのは，９年おきに限られます。表中で色をつけて示している部分が主たる領域だったときです。PISA2000から2003にかけての成績の低下は「学力低下」と大いに騒がれましたが，実は得点の推定に問題があった可能性が示唆されていますし，そもそも2003年の読解リテラシーは主要な領域ではありませんでした。こうしたことをふまえて表４-１を見ると，PISAから学力低下を論じるのは，やや苦しいように思えます。[*3]

PISAと違って言及されることは少ないものの，同じく国際的な学力調査で

＊３　PISAに関する議論については，SYNODOS（https://synodos.jp/education/21701　2021年６月23日閲覧）もあわせてご覧いただきたい。

ある TIMSS（Trends in International Mathematics and Science Study）を見ても，調査学年・教科によって差はあるものの明らかな学力低下の傾向は見られません[*4]。要するに，国際的な学力調査の点数だけを見て，日本の教育制度・学校に問題があると主張することは意外に難しいのです。

2 学力の格差

学力低下論争では，学力が低下しているという主張だけでなく，子どもたちの育つ家庭環境によって学力に差が生じる「学力格差」の問題が注目を集めました。なぜ，学力の格差が問題なのでしょうか。

近代社会では，生まれに依らず能力の高い人がよい仕事に就くことができると信じられています。これをメリトクラシーの原理と呼びます。一方で，生まれ持った属性（身分や性別など）によって仕事が決まる社会もあります。江戸時代の日本がそうです。農民の子どもは優秀だったとしても支配層である武士になることはできませんでした。その意味では，学校の成績で進学先が決まり，高い学歴を持つものがよりよい仕事に就くことができる現在は，より平等な社会に近づいたと言えるでしょう。

とはいえ，現代社会が完全に平等な社会かというと，そうではありません。これまでの研究は，個人の能力と努力で決まると信じられている学校の成績が，実は子どもたちの家庭環境によって大きく左右されていることを明らかにしてきました。さらにいくつかの研究は，教師・学校が学力の格差を縮小するのではなく，逆に維持・拡大させることがあると論じています。ですから，学力の高低だけに注目するのではなく，子どもたちの家庭環境の影響までふまえて学力テストの分析を行ったり，教職を志す人々が学力の格差について学んだりすることは，現代社会をより平等なものにするための必須要件とさえ言えるのです。

＊4　川口俊明「国際学力調査からみる日本の学力の変化」『福岡教育大学紀要』63，2014年，1～11頁。TIMSS は，IEA（国際教育到達度評価学会）が実施する，数学と理科に関する国際的な学力調査である。

残念ながら，2000年以前の日本では，家庭環境に関する調査はおろか学力調査すら容易には行うことができませんでした。そこには，学力調査が学校や子どもの序列化につながるという忌避意識があったようです。あるいは「一億総中流」という言葉があったように，家庭環境によって差が生じるという認識自体，遠い世界のことと思われていたのかもしれません。

状況が変わったのは，2000年以降です。学力低下論争の中で，学力格差に関心を持つ研究者たちは独自の学力調査を行い，学力が低下しているのみならず，学力の格差が拡大していることを主張します。折しも「格差社会」論が流行する中，学力格差の問題は注目を集め，全国的な学力調査においても（追加分析という形ではありますが）保護者に対する調査が実施されるようになったのです。その結果，日本にも他国と変わらず学力の格差が存在することが明らかになりました。

なぜ学力の格差が生じるのでしょうか。経済的な要因はもちろんですが，とくに教育研究者たちが注目してきたものが，文化的な要因です。たとえば保護者の学歴を考えてみましょう。仮に経済的な水準が同じだったとしても，大卒の保護者と高卒の保護者では，学校教育に対する構えが異なってくる傾向があります。学校教育を重視する保護者は，多少無理をしてでも塾や習い事に投資するでしょうし，本の読み聞かせを行うことでしょう。こうして小学校に入学する以前の段階で，子どもたちの学力に差が生じてくることになります。他にも，子どもたちの性別によって学力差が生じていることを報告する研究や，外国にルーツを持つ子どもたちが学力面で不利な状況に置かれていることを指摘する研究もあります。

とくに注意してほしいのですが，仮に教師が学力格差について知らなかった場合，家庭環境に由来する子どもたちの問題行動（たとえば周囲に大学に通っている大人がいないため勉強に真剣に向き合えないとか，保護者が学校生活に関心が薄く忘れ物が多いとか）をかれら自身の「やる気の問題」と見なして，指導を諦めてしまう可能性があるということです。その場合，教師は学力格差の拡大に手を貸してしまうことになります。

昨今の研究では，学力格差の実態を把握するのみならず，どのように格差を縮小するかという点にも注目が集まっています。たとえば，「効果のある学校（≒他の学校より学力格差の小さい学校）」という考え方を提唱する研究者たちは，学校教育の在り方によって，学力格差を克服できる可能性があることを示唆しています。それ以外にも，少人数学級が，格差にどのような影響を持つかを検討する研究もあります。これらの研究は，学力格差の実態を明らかにするのみならず，その改善の道筋を探っているという点で参考になるでしょう[*5]。

もっとも，これらの知見が教育行政に活かされているかと言うと，やや疑問も残ります。近年では，全国学力・学習状況調査の結果を，教育の成果指標にしようという動きが強まりつつあります。とくに先鋭的な自治体では，学力調査の結果をもとに教員給与に差をつけ，優秀な人材に報いる施策が検討されたこともあります。しかし，こうした議論では個々の学校の得点の背景に家庭環境の影響が潜んでいるという配慮がほとんど見られません。ここでは，ある自治体のデータをもとに，家庭環境の影響を考慮しない分析に深刻な問題があることを確認しておきましょう。図４－１は，ある自治体の全国学力・学習状況調査のデータを国勢調査の小地域集計と組み合わせ，各小学校の校区に住む大卒の人の割合と，学校単位の算数正答率の関連を示したものです。ここで円の大きさは，その学校の子どもの人数を示しています。なお，右下の予測値というのは，回帰分析という手法によって，大卒割合と学校の正答率のおよその関係（図中の点線）を計算したものです。これを見ると，大卒割合が１％上昇するごとに，学校の予測される正答率が0.69ポイント上昇することになります。

図４－１を見れば，校区の状況が恵まれている学校ほど，正答率が高いことは一目瞭然だと思います。右側の大卒割合の高い学校には，正答率の低い学校がありません。他方で，左側の大卒割合の低い学校には，いくつか正答率の高い学校もありますが，これらはおしなべて円の大きさが小さい小規模校です。一定の円の大きさがある学校は，ほとんどが点線の近くに集まってしまっています。要するに，学校の努力で校区の状況から予測される正答率を覆すことは

＊5　日本の学力研究に関するレビューとしては，川口俊明「日本の学力研究の現状と課題」『日本労働研究雑誌』614，2011年，６～15頁や，川口俊明「日本の学力研究の動向」『福岡教育大学紀要』68，2019年，１～11頁を参照。

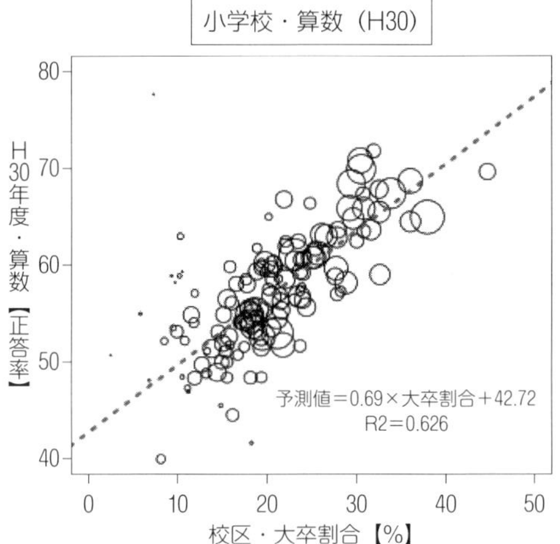

図４－１　各学校の校区の大卒割合と算数の平均点の関係

出所：「児童生徒や学校の社会経済的背景を分析するための調査の在り方に関する調査研究」（http://www.mext.go.jp/a_menu/shotou/gakuryoku-chousa/1398191.htm　2021年６月23日閲覧）のうち，第６章のデータを，関連する自治体の教育委員会の許可を得て再分析。なお，校区の大卒割合は，国勢調査の小地域集計を使い，土屋隆裕氏（横浜市立大学）が算出したもの。

容易ではないのです。学校の平均点を教師・学校の努力だと考える人もいますが，それは学力格差を軽く見た楽観論でしょう。仮に学力調査を使って教師・学校を評価したいのであれば，家庭環境をはじめとした教師・学校以外の要因を考慮した評価を行う必要があります。

断っておきますが，教師・学校以外の要因を考慮したとしても，学力調査を利用した教員評価が望ましい改善につながるとは限りません。たとえばアメリカは学力調査を利用した教員評価・学校評価の盛んな国の１つですが，テストを利用した評価の試みが大きな改善を生むことなく，学校現場を疲弊させるだけであるという議論も頻繁に行われているのです。[＊6]

＊6　例として，ダイアン・ラヴィッチ，末藤美津子（訳）『アメリカ　間違いがまかり通っている時代』東信堂，2015年を挙げておく。

3 新しい能力をどう見るか

学力低下論争の後，日本の教育政策は学力向上に大きく舵を切ったように見えます。しかし，ここで注意しておきたいことは，学力低下を批判されたからといって，日本の教育が「ゆとり教育」を脱却し，知識の詰め込みに戻ろうとしているわけではないという点です。「ゆとり教育」の折に提示された「生きる力」という学力観がありますが，学力低下論争以後も，文部科学省はPISA調査の測定する学力も「生きる力」と同じ方向にあると説明し，「生きる力」の重要性を強調しています[*7]。他にも，全国的な学力調査のB問題は「活用」に関する問題とされ，知識・技能等を活用する力を調査するとされてきました。このように，「ゆとり教育」の根底にあった，「これから必要とされる能力は，自ら学び自ら考える力である」という問題意識は，学力低下論争の後も脈々と受け継がれているのです。

「これまでの日本の教育では，これからの社会に必要とされる『新しい能力』を養成できない」という問題意識は，現在の教育改革にも通底しています。典型的な例が，現在進められている大学入試改革です。これまで行われてきたマークシート方式の大学入試センター試験は，これからの社会で必要とされている能力を測定するには不十分であり，記述式のような「思考力・判断力・表現力」を測定しなければならないという議論を聞いたことがある人も多いのではないでしょうか[*8]。他にも，これからの学習は教師から生徒への一方向的な知識の詰め込みではなく，グループ学習やディスカッションを活用した「アクティブ・ラーニング」が必要であるという議論も盛んに行われています。

確かに情報化・グローバル化が著しい現代社会では，これまでの学校教育の在り方を見直さなければならないのかもしれません。しかし，ここで気になる

＊7　たとえば，2005年12月に文部科学省が示した「読解力向上プログラム」（http://www.mext.go.jp/a_menu/shotou/gakuryoku/siryo/05122201/014/005.htm　2020年6月16日閲覧）を参照。

＊8　「大学入学共通テスト」について。 http://www.mext.go.jp/a_menu/koutou/koudai/detail/1397733.htm（2021年6月23日閲覧）

のは，「これまでの知識の詰め込みが主体の学校教育では，これから求められる『新しい能力』に対応できない」という議論は，「ゆとり教育」の頃から考えても，すでに30年を超える歴史を持っているという点です。「アクティブ・ラーニング」の歴史を検討したある研究は，この30年間，日本の教育行政が，「新しい学力観」「生きる力」「確かな学力」「アクティブ・ラーニング」「主体的・対話的で深い学び」といった似たような学力観を，言葉を上塗りしつつ，政策的に批判することもないまま，繰り返してきたことを指摘しています[*9]。

他にも PISA 調査は，これから必要とされる「PISA 型学力」を提示していると賞賛されることがありますが，それが本当に「新しい学力」なのか疑問を呈する人もいます[*10]。たとえば，上海は PISA 調査で最も成績の高い地域の 1 つですが，暗記中心の伝統的な教育が支配的です。仮に PISA 調査が21世紀の学力を測定しているのであれば，上海の学力はもっと低くてもよいはずです。ICT の利用が重要だと言われることもありますが，PISA で好成績を収めた東アジアの国は，それほどコンピュータの利用率は高くありません。また，アクティブ・ラーニングの必要性も語られますが，PISA で成績の高い国がアクティブ・ラーニングを取り入れているわけでもありません。以上のような指摘は，巷で騒がれる「新しい能力」にそれほど根拠がないということを示しています。

では，なぜ私たちは「新しい能力」を求めるのでしょうか。こうした事態を理論的に説明する研究があります[*11]。ここでは少しその内容を紹介しましょう。

すでに述べたように，個人の能力によって地位を配分するという，メリトクラシーの原理は近代社会の重要な原則です。一般には，学歴や学校の成績が能力の指標として利用されます。しかし，これらはあくまで代理指標であって，能力そのものではありません。そもそも能力を観察することはできませんから，私たちは何らかの代理指標で我慢するしかないのです。そのためメリトクラシーの社会では，私たちは「能力の指標はこれでいいのか？」とつねに問い直す

＊9　小針誠『アクティブラーニング』講談社現代新書，2018年。

＊10　高山敬太「PISA 研究批評：国際的研究動向と「日本」の可能性」『教育学研究』85(3)，2018年，332〜343頁。

＊11　中村高康『暴走する能力主義』ちくま新書，2018年。

必要が生じます。このつねに問い直す性質を，「再帰性」と呼びます。現代社会を，メリトクラシーの再帰性が強まった社会であるとするならば，「新しい能力」という確固としたものが存在しているわけではなく，私たちは「『新しい能力』を求めなければならないという強迫観念」に囚われていると考えられるのです。

この指摘は，大学入試改革，アクティブ・ラーニング，PISA 型学力といった近年の「これまでの日本の教育はだめで，新しい能力を求めなければならない」という議論がもてはやされる現状をうまく説明しています。これらの改革や言葉は，いずれも矢継ぎ早に導入されていますが，そこには「新しい能力」を求めなければならないというある種の強迫観念があるばかりで，その成果や問題点が十分に検証されていません。本章で取り上げた学力低下をめぐる一連の動きも似たようなものです。私たちは，もう何十年も実際には存在しない「新しい能力」を求めて改革を繰り返しているのかもしれません。

最後にもう１つ，こうした「新しい能力」をめぐる議論で重要な論点を付け加えておきます。それは，こうした「新しい能力」という考え方が学校教育に導入されると，学力の格差がさらに拡大するのではないか，という懸念がしばしば表明されているという点です。家庭環境に恵まれない子どもたちは，学校で話し合い活動などをする際に必要となる前提条件に欠けている可能性があります。たとえば，保護者が日々ニュース番組を見たり新聞を読んだりする家庭の子どもと，そうした習慣を持たない子どもを考えてみましょう。かれらが同時に小学校に入学してきて，日本の社会の在り方について議論するとなれば，後者の子どもたちを議論に参加させるために教師・学校には相当な工夫が必要とされます。教師の多忙が社会問題化する現在において，そうした時間を学校教育が捻出することは可能でしょうか。

もちろん「新しい能力」という考え方の導入が悪影響を及ぼすとは限りません。方法次第では，子どもたちは互いの置かれた社会的な状況を知り，日本社会の今後の在り方について豊かな理解を築くことができるかもしれません。[*12] い

＊12　松下佳代（編著）『〈新しい能力〉は教育を変えるか』ミネルヴァ書房，2010年は，参考になるかもしれない。

ずれにせよ，「新しい能力」という考え方が導入されることによって，教育がどのように変わるのかという点について，しっかりとモニターしていく必要はあるでしょう。

4 拙速な改革を行う前に

ここまでの説明を読んできて，この数十年間の日本の教育政策は，はたして十分な根拠を持って行われてきたのかという点に疑問を持った方もいるでしょう。その疑問はまったく正当なもので，以前から指摘されているのですが，今なお改善の兆しは見えていません。[＊13]「学力低下」にせよ，「新しい能力」にせよ，何らかの根拠になるデータが存在するわけではなく，その場その場の「なんとなく」の議論で改革が進んでいるというのが現状です。現在も続く全国的な学力調査に関しても，その設計にいくつも問題があり，子どもたちの学力が上がったのか下がったのかといった学力の変化すら把握できないことが指摘されています。しかし，こうした批判の声は小さく，その在り方を見直そうという動きも，それほど大きくありません。[＊14]

日本の教育制度に，さまざまな問題があることは事実でしょう。一方で，どこに問題があるのか，あるいは制度を変更した結果何が起きたのかを知るためには，適切なデータを蓄積し分析していくことが重要です。

とくに私たちの生きる社会は，つねに「新しい能力」が必要だと言いたくなる再帰性を持っている社会です。しかし「新しい能力」を求めても，教育がよくなる保障はありません。本章で見てきたように，歴史を知り，さまざまな数値データを読むことは，その折々の突発的な議論に流されないために必要なことです。拙速な教育論議を鵜呑みにするのではなく，教育を冷静に見極める態度を身につけてください。

＊13　布村育子『迷走・暴走・逆走ばかりのニッポンの教育改革』日本図書センター，2013年。

＊14　全国的な学力調査に関する議論については，川口俊明『全国学力テストはなぜ失敗したのか』岩波書店，2020年を参照。

まとめ

21世紀の学力問題は，学力低下論争から始まりました。本章では，こうした学力低下論争以後の学力問題の動向を整理したうえで，学力格差の問題が社会の平等と関わった重要な問題であること，および，これから求められる「新しい能力」という議論が数十年の歴史を持つ，それほど新しくないものであることを見てきました。これらの議論を経て言えることは，拙速な教育論議を鵜呑みにするのではなく，歴史を学び，数値を読むことで，教育を冷静に見極める態度を身につけていくことが重要だということです。

さらに学びたい人のために

○中村高康『暴走する能力主義』ちくま新書，2018年。

メリトクラシーの再帰性というアイデアをもとに，なぜ私たちが「新しい能力」を求めるのかという点を考察した書籍です。最近の教育論議でしばしば焦点が当たる「キー・コンピテンシー」「非認知能力」「大学入試改革」の問題点についても論じています。これらの言葉に，ある種の「うさんくささ」を感じている人にはとくにお勧めします。

○松岡亮二『教育格差』ちくま新書，2019年。

学力格差をはじめとする「教育の格差」について包括的に論じた書籍です。就学前から高等教育に至るまでの格差について，入手可能なあらゆるデータを利用して数値的に明らかにしています。新書には珍しい300を超える注釈と，膨大な引用文献リストは圧巻です。日本の格差について知りたい人が，まず手に取るべき一冊です。

○川口俊明『全国学力テストはなぜ失敗したのか』岩波書店，2020年。

全国的な学力調査の歴史と課題を，教育測定や社会調査といった社会科学の知見をもとに検討した書籍です。項目反応理論や重複テスト分冊法といったPISAで利用されている「技術」の概要も，わかりやすく解説しています。全国的な学力調査の是非について論じるのであれば，本書に書かれている事項は理解しておくべきでしょう。

コラム①

全国学力テストのCBT化？

2007年以降，子どもたちの学力実態を把握し，教育政策や指導の改善に活かすという名目で，日本では全国学力・学習状況調査（以下，全国学力テスト）が実施されています。2020年現在，この全国学力テストをCBT化するという議論が話題を呼んでいます。CBTとは，Computer-Based Testingの略で，文字通りコンピュータを使った学力テストのことです。第4章で取り上げたPISAも，2015年からCBT化が進められていますし，コロナ禍で注目を集めたコンピュータを使った新しい学びの在り方の1つとしてもCBTは期待されています。

もっとも筆者自身は，全国学力テストのCBT化は失敗するだろうな，とやや冷めた目でこの議論に関わっています。理由はいくつかありますが，なかでも致命的だと思うのが，CBT化に必要なインフラや専門技術について，理解している人が少ないように感じる点です。酷い場合は，現在の紙で実施しているテストの問題を，そのままコンピュータの画面に映せばCBTになると考えている人もいるようです。コンピュータの画面は狭いので，紙を前提とした問題をそのまま表示すると，何度もスクロールが必要になって回答が面倒になるだけです。

CBTの利点を十全に活かすことができれば，好きなときに，好きな場所でテストを受けることができるようになるかもしれません。ただ，その実現には日本全国どこでも安全かつ確実に試験内容や結果を送受信できる通信インフラが必要です。加えて，毎回同じ試験を実施していては後に受験した人ほど有利になりますから，異なる時間・異なる場所で行われる異なる試験結果の比較を可能にするテスト理論も必要になります。

ここで問題になるのは，こうしたさまざまな技術を導入する余裕が，教育現場に残されているのか，という点です。日本は，ただでさえ教員の多忙が社会問題化しているうえに，コロナ禍ですら多くの自治体がオンライン授業に対応できないほど小・中学校の通信インフラは脆弱で，基本的な情報機器の操作に慣れていない職員も少なくありません。CBTを支える情報工学やテスト理論に至っては，現在の教員養成課程で学ぶことはほぼありませんから，CBTの基礎知識すら持っていない教育関係者がほとんどです。要するに日本は，CBT化に必要なインフラも人材も圧倒的に足りていません。このような「悲惨な」状況では，全国学力テストのCBT化は夢のまた夢です。夢を追う前に，足下のインフラや人材育成に力を注ぐことが大切です。

第5章

教師教育改革の動向

学びのポイント

- 教師教育改革の動向について学ぶ。
- 現在の教師教育政策を通して養成・育成される教師について学ぶ。
- 今修得すべき教師の資質能力について学ぶ。

WORK　教師として身につけるべき資質能力

1．今どのような教師が求められているのか調べてみよう

近年の文部科学省や教育委員会などの教育政策や教師教育政策を確認し，行政機関としてどのような資質能力を持った教師を求めているのかについて調べよう。また，教育研究者たちはどのような資質能力が教師に必要であると考えているのかということについて，図書や論文などで調べて整理してみよう。

2．教職課程科目の学修目標を確認してみよう

みなさんが受講する教職課程科目のシラバスから，授業終了時点で修得すべき学修到達目標を書き出してみよう。また，文部科学省の教職課程コアカリキュラムに記載されている各科目の学修目標（全体目標，一般目標，到達目標）について確認しよう。

3．教職課程科目の学修目標についてグループで話し合おう

1．と2．の内容をグループで共有し，学修目標として設定されている内容がなぜ重要なのか，また，目標そのものに課題はないのか，すべての目標を達成するとよりよい教師としての基礎的な資質能力が獲得できるのか，学修目標として扱われていない重要な内容はないかなど，議論してみよう。

4．教員育成指標について検討しよう

第1に，みなさんが通っている大学のある地域や，教職に就きたい地域の教員育成協議会が作成した教員育成指標を入手しよう。第2に，現在の自身の教師としての資質能力がその指標のどのレベルにあるのかということについて確認しよう。第3に，グループでその指標を共有し，それに示されている資質能力が求められる背景に何があるのか，また，指標全般に課題はないのかといったことなどについて議論しよう。

導　入

本章では，教師教育改革の流れについて解説します[*1]。まず，戦後の教師教育の理念について確認したうえで，近年の教師教育改革の動向とその課題とともに，今日，教員養成段階で求められる教師の資質能力について検討します。

みなさんが履修している教職課程の授業や，学校ボランティアなどのカリキュラム外活動は，教師教育改革の文脈のなかでどのように位置づけられるものでしょうか。国や教育委員会，学校現場，さらにはみなさんが通っている大学では，みなさんに教師としてのどのような資質能力を身に付けてほしいと思っているのでしょうか。また，彼らが期待している以外のもので，今日の教師たちに重要なものはないのでしょうか。

本章では，これらのことについて検討するための情報を提供します。その検討を通して，自身が学修している教員養成カリキュラムについて相対的に捉える態度を身に付けるきっかけにしてほしいと思います。

1　戦後の教員養成の理念

日本の近代学校制度における教員養成は明治時代に始まりました。1872年に学制が公布され，全国に小学校や中学校（旧制）などが設置されました。小学校の場合は原則的に全国の官立や公立の師範学校と呼ばれる中等教育レベルの学校を卒業した者，中学校（旧制）の場合は東京師範学校の中学師範学科や大学を卒業した者が教育を行うことができました。その他，検定試験合格者には免許状が与えられ，彼らも子どもたちを教えることができました[*2]。

当初，教員資格は師範学校卒業証書あるいは免許状のいずれかを有していることでした。しかし，1885年の第３次教育令によって免許状のみとなりました。このときに，教員資格の免許状主義が誕生しました。

第二次世界大戦後，新たな教員養成制度が求められるなかで，1947年の教育

＊1　「教師教育」という用語は，養成教育と現職教育を合わせた教師としての資質能力を身につけるための教育全体を表すものである。

＊2　文部省『学制百年史』1981年。

刷新委員会の建議で，教員養成を高等教育レベルで行うことや，官立（国立），公立，私立のいずれにおいても教員養成ができることなどが決定されました。その後，1949年に各地の師範学校は，国立の学芸大学（後に教育大学に改編[*3]）や国立大学の学芸学部（後に教育学部に改編）に昇格しました。当時，多くの国々において中等教育レベルで行われていた教員養成を，日本は世界に先駆けて高等教育レベルで行うこととなり，大学の自律性に基づいた教員養成が開始されました。また，旧師範学校である国立教育大学や教育学部だけでなく，公立・私立大学でも教員養成課程の設置ができる開放制という新たな教員養成制度ができました。それにより，多様な教師を養成することが目指されました。

さらに，新たに制定された教育職員免許法おいて，「教育職員は，この法律により授与する各相当の免許状を有する者でなければならない」（第３条）と明記され，教員資格については，初等・中等教育学校の教師は学校種や担当教科に応じた相当の免許状を有していなければならないという相当免許状主義がとられるようになり，今日に至っています。

つまり，戦後の教員養成の理念は，大学における開放制の教員養成と相当免許状主義にあると言えます。

2 現代の教師教育改革

1 免許状の弾力化

1949年に教育職員免許法が施行され，開放制の教員養成制度が開始されました。それからおよそ40年後の1988年に，教師の資質能力の向上を目的として，免許制度は大きく変更されました[*4]。主要な改正点は３つあります。第１は普通免許状[*5]の種別の変更です。それまで普通免許状は「１級」と「２級」という２区分でしたが，それが「専修」「１種」「２種」という３区分になりました。

＊３　東京学芸大学のみ改編されなかった。

＊４　文部科学省「我が国の文教施策」（平成元年度）。http://www.mext.go.jp/b_menu/hakusho/html/hpad198901/hpad198901_2_056.html（2019年１月10日閲覧）

「専修」は修士取得者,「1種」は学士取得者,「2種」は準学士取得者であることが,免許状の基礎資格になりました。[*6] また,2種免許状所有の教師は,さらなる資質向上が求められ,1種免許状を取得できるように努めなければならないことになりました。

第2は,教職に関する科目と教科に関する科目の最低履修単位数が引き上げられたことです。これは大学における教員養成が強化されたことを意味します。

第3は,学校教育の多様化への対応と活性化を目的に社会人を活用する特別免許状と,特別非常勤講師制度の創設です。前者はその免許状を授与する都道府県のみ有効で,有効期限が設定されています。また,後者は免許状を有していない社会人を教育活動に組み入れることができる制度です。

以上のように,1988年の免許法改正は,教員養成を強化する一方で,免許状を有しない者も教育を行うことができる制度の制定といった相反する性質を持っています。

2　教師教育の高度化

次に教師教育政策に大きな影響をもたらしたものは,中央教育審議会答申「今後の教員養成・免許制度の在り方について」(2006年) です。この答申では,社会構造の急激な変化や学校教育の抱える課題の複雑・多様化などに対応できる教師を養成・育成するために,教員免許更新制の導入,教職課程における「教職実践演習」の設置,教職大学院の創設などが提言されました。

この答申を受けて,2008年度から教員免許更新講習が実施されるようになりました。これは,もともとは首相官邸サイドからの強い要請で,不適格教師の排除を目的に導入されようとしていたものです。しかし,結果的に教師として必要な資質能力の刷新が目的になりました。[*7] 教員免許更新制の創設により,こ

＊5　普通免許状とは,学生が教員養成課程を有する各種学校で必要な単位を取得して卒業し,各都道府県の教育委員会に授与申請をして取得するという,一般的な方法で取得できる免許状のことである。

＊6　高等学校には2種免許状は設けられていない。また,現在,準学士は短期大学士に変更されている。

れまで一度取得すれば終身有効であった教育職員免許状に，10年間という有効期限が設けられ，教師が教職を続けるためには更新講習を受けることが必要になりました。[*8]

また，学生に教師として必要最小限の資質能力を確実に身に付けさせるとともに，その資質能力の全体を確認するために，2010年度入学者から「教職実践演習」が必修化され，大学の最終段階の４年生後期に配置されました。教師として求められる４つの事項として，①「使命感や責任感，教育的愛情等に関する事項」，②「社会性や対人関係能力に関する事項」，③「幼児児童生徒理解や学級経営等に関する事項」，④「教科・保育内容等の指導力に関する事項」があげられています。また，授業方法としては講義形式だけでなく，役割演技やグループ討議，模擬授業など，多様な方法が提示されています。

その他，教師教育の高度化が進められました。その高度化とは，中核としての教員養成が修士レベルであることと，教育現場での実習を中心とした学びが編成されていることです。[*9]

2008年には教職大学院が設置され，修士レベルの教員養成を行う新制度ができました。その目的は，①「学部段階で教員としての基礎的・基本的な資質能力を修得した者の中から，さらにより実践的な指導力・展開力を備え，新しい学校づくりの有力な一員となり得る新人教員の養成」，②「一定の教職経験を有する現職教員を対象に，地域や学校における指導的役割を果たし得る教員として，不可欠な確かな指導理論と優れた実践力・応用力を備えた『スクールリーダー（中核的中堅教員）』の養成」にあります。[*10]カリキュラムについては，原則的に２年以上在学し，45単位以上修得することが履修要件で，そのうち10単

＊７　広田照幸『教育議論の作法――教育の日常を懐疑的に読み解く』時事通信社，2011年，92～104頁。

＊８　受講免除者として，たとえば，教師を指導する立場にある者（校長，副校長など），優秀教員表彰者，更新講習の講師などがあげられる。詳しくは，文部科学省ホームページ「教員免許更新制」（http://www.mext.go.jp/a_menu/shotou/koushin/index.htm　2021年６月26日閲覧）を参照のこと。

＊９　油布佐和子「教師教育の高度化と専門職化――教職大学院をめぐって」佐藤学（編）『岩波講座　教育　変革への展望４　学びの専門家としての教師』岩波書店，2016年，135～137頁。

＊10　文部科学省ホームページ「教職大学院」。https://www.mext.go.jp/a_menu/koutou/kyoushoku/kyoushoku.htm（2021年１月17日閲覧）

位以上は学校における実習が求められており，現場経験が重視されています。

2020年現在，国立・私立の教職大学院は合計54校，入学総定員数は約2,250名ほどです。毎年，教員免許状が日本全体では20万強の人々に授与されていることから考えると[*11]，教職大学院において十分な数の修士レベルの教師を輩出できているわけではありません。

また，2012年の中央教育審議会答申「教職生活の全体を通じた教員の資質能力の総合的な向上方策について」では，教員養成の修士レベル化を目指し，大学院修了レベルの免許状を「一般免許状」とし，学部卒業レベルの「基礎免許状」，学校経営，生徒指導，特別支援教育などの特定分野において高い専門性を身に付けた教師に授与する「専門免許状」を創設することを提唱しました。しかし，今のところその議論は進展しておらず，実現の見通しは立っていません。

2019年現在，大学院を修了した公立学校教師の割合は，幼稚園0.8％，公立小学校4.7％，中学校7.5％，高等学校15.9％です[*12]。欧米を中心に教員養成が修士レベルで行われていることからすると，日本では教師教育の高度化が遅れていると言えます。また，今後さらに政策的に重視されていく教職大学院については，開放制教員養成の中での制度的位置づけが不明確であること，また，教育委員会との連携という制度設計による行政機関優位の構造を背景に，大学における自律的な教員養成の原則が後退する危険性があることなどが指摘されています[*13]。教師教育の高度化をめぐっては課題や問題があり，今後それらを解決していくことが必要となっています。

3　実践的指導力の重点化

教員免許状の弾力化や教師教育の高度化と並行して，実践的指導力を重視する教員養成改革も行われてきています。

＊11　文部科学省「平成30年度教員免許状授与件数等調査結果について」。https://www.mext.go.jp/a_menu/shotou/kyoin/1413991_00001.html（2021年１月17日閲覧）

＊12　文部科学省「令和元年度学校教員統計調査（確定値）の公表について」2021年，８頁。

＊13　油布，前掲書，138～160頁。

1987年の教育職員養成審議会答申「教員の資質能力の向上方策等について」以降，教師の実践的指導力の向上が繰り返し指摘されてきました。そうした中，これまでの養成教育では実践的指導力の育成が不十分という批判があることから，「国立大学の教員養成系大学・学部の在り方に関する懇談会」による「今後の国立の教員養成系大学・学部の在り方について」(2001年) の提言を受けて，教員養成系大学・学部を中心に，教育実習をコアとした現場体験学修が増加し，教育実習が長期化されました。たとえば，学生は１年次から学校インターンシップなどに継続的に参加して現場経験を積んだうえで，３，４年次の教育実習に臨みます。また，実習期間を複数に分割して長期に渡って教育実習を行えるプログラムもあります。教員養成系大学・学部では，学生の現場体験をもとに，実践と理論を往還することが重視されるようになりました。

また，2016年の教育職員免許法改正を受けて，2019年度入学者から，科目としての教育実習の一部に学校インターンシップを含めることが可能になりました。教職課程においてこれまで以上に現場経験の比重が増しています。さらに，学生はカリキュラム外活動として学校ボランティアといった自主的な現場経験もしています。まさに，現代の教職志望学生には，現場経験をたくさん積むことを通して実践的指導力を修得することが強く求められていると言えるでしょう。

そのような教員養成改革の動向は，即戦力となる新人教師を育成するにあたって有益だと思われます。現場経験を重視することによって，先輩教師から教師候補生に教師集団の中で培われてきた文化が伝承され，既存の教師文化の再生産[*14]を行うことが可能になります。

その一方で，これまでの文化伝承に力点が置かれるあまり，みんなが既存の同じ思考枠組みになり，新しい教育を生み出すことの難しさが出てくることもあるかもしれません。また，目の前の子どもや教授技術に関心が焦点化されてしまい，子どもや教師自身を取り巻く教育政策や社会に対する関心が希薄になっていく可能性もあります[*15]。これからの教師はこれらのことに留意しつつ，実

＊14　佐藤学「教師文化の構造――教育実践研究の立場から」稲垣忠彦・久冨善之（編）『日本の教師文化』東京大学出版会，1994年，21～41頁。

践的指導力を身に付けていくことが求められています。

4　教師教育の標準化

近年はさらに新たな教師教育改革が進行しています。

第一は，教職課程コアカリキュラムの導入です。コアカリキュラムとは，「教育職員免許法及び同施行規則に基づき全国すべての大学の教職課程で共通的に修得すべき資質能力を示すもの[*16]」です。各教職関連科目には全体目標，一般目標，到達目標といった段階的に細分化されていく目標が設定され，その目標に関する内容は授業の中で必ず扱うことになりました。言い換えると，学生には科目の学修終了時点であらかじめ設定された目標に到達することが求められるようになりました。

コアカリキュラムが導入された背景には，これまでの大学における教員養成では，実践的指導力よりも学問を重視する傾向があり，学生が複雑・多様化した教育現場の課題に対応できる力を十分に修得できていないという批判がありました。そのことを受けて，全国どこの大学でも教職志望学生が一定レベルの学修を行えるように，国は教員養成の質保証を行うための環境を整備しようとしました。

しかし，コアカリキュラムには問題点や課題もあります[*17]。たとえば，学修内容の共通性と大学の自主性の関係です。戦後の開放制教員養成のもとで，各大学は自主性に基づいて多様な教師を輩出してきています。ところが，コアカリキュラムは教職課程の３分の２を占めており，大学が独自性を出せる部分は３分の１となりました。そのため，戦後の教員養成の主要な理念である開放制の機能が弱まり，多様な教師を養成できなくなる可能性があります。また，コア

＊15　紅林伸幸ほか「教職の高度専門職化と脱政治化に関する一考察――教師の社会意識に関する調査（2013年）の結果報告」『常葉大学教職大学院研究紀要』第２号，2015年，17～29頁。

＊16　教職課程コアカリキュラムの在り方に関する検討会『教職課程コアカリキュラム』2017年，２頁。

＊17　牛渡淳「文科省による『教職課程コアカリキュラム』作成の経緯とその課題」『日本教師教育学会年報』第26号，2017年，28～36頁。

カリキュラムの作成プロセスに関する問題もあります。医学などの他の専門職教育においてもコアカリキュラムはあるのですが，それは学会などの学術団体や専門職団体が作成したものを国が承認したり，国がそれらの団体に委嘱ないし連携したりして作成されています。ところが，教職課程コアカリキュラムについては，教師という専門職の養成カリキュラムの作成にもかかわらず，教育関連学会など，教育を専門とする学術団体や専門職団体は，その作成プロセスに特に関与していません。また，文部科学省において「教職課程コアカリキュラムの在り方に関する検討会」が5回開催されましたが，その会の委員による目標設定案の十分な検討や，委員間の十分な議論と合意がなされたわけではありませんでした。そういう状況の中でコアカリキュラムの最終案が決定されました。達成すべき目標が，誰の（どこの）どのような意図によって，どのようなプロセスを経て設定されたのかということにも関心を払いつつ，教職課程の学修を進めていくことが必要とされています。

第二は，教師教育における教員育成指標の策定です。2015年に中央教育審議会答申「これからの学校教育を担う教員の資質能力の向上について」を受けて，教師の育成の効果的な取り組みの検討を目的として，都道府県などの教育委員会が設置主体となり，周辺の教員養成大学・学部の代表らとともに教員育成協議会を組織することになりました。その協議会において，教職キャリア全体が複数のステージに分割され，各ステージで教師が身に付けるべき資質や能力が指標として設定されました。教師は，初任者研修や中堅教諭等資質向上研修などの職務研修を中心にして，指標に示されている資質能力を修得することが求められるようになりました。また，指標には，養成教育段階で修得すべき基礎的資質能力が提示されていることもあります。

また，2017年に養成・採用・研修に関する関係機関間の中核拠点として独立行政法人教職員支援機構が発足しました。この機構は，各教育委員会に対して教員育成指標に関する専門的助言を行うなど，研修の高度化・体系化を促進させたり，また，大学などと連携協働し研修プログラムの相互活用を行ったりして，全国の教師に対する総合的支援を行います。

上記のことを通して，国，教職員支援機構，教育委員会，学校，大学などが連携し，養成・採用・研修の接続の一体性を強化し，教師の体系的な資質能力向上のための整備がなされるようになりました。そのため，個々の教師は現在の自身のキャリアステージにおける修得すべき資質や能力がはっきりとわかり，目指すべき教師像に到達するための見通しを立てやすくなりました。

その一方で，教員育成指標にも課題があります。第一は，大学における自律的な教員養成に対する行政機関の影響力の増大があげられます。大学が行政機関の要望に応じた実践的内容を重視することによって，大学の教員養成の理念が軽視され，教職に関する学問的学修が疎かになる危険性があります。第二は，多様な教師を育成することが困難になることです。教員育成指標は，教師が段階的に資質能力を高めていく単線型成長モデルです。そのため，その指標に明記されている資質や能力のみが教師の成長にとって重要なものとして考えられるようになったり，既存の成長モデルからずれた教師は「問題教師」のレッテルが貼られ，一元的な評価を軸に，多様な成長のあり方が阻まれたりする可能性があります。

3　養成されうる教師像からみた問題点

前節で取り上げた主要な教師教育改革，特に近年の動向を通じて育成される教師はどのようなものでしょうか。実践的指導力の重視，教職課程コアカリキュラムの導入，教員育成指標の策定，教職員支援機構の創設などからは，教師教育を標準化して，実践的指導力を有する教師の質保証をするための仕組みが全国的に整備されてきていることがわかります。教員養成段階で基礎的な実践的指導力を有する教師を輩出し，また，全国の学校現場では複雑・多様化する教育課題に対応できる実践的指導力を教師に向上させることで，教育の質が保証されるという構想です。この構想を支えているのは，地域や教員養成系大学・学部によって教師教育の質に違いがあれば，教師の質の格差が生じ，それが教育の質の差異に繋がっていくという懸念です。それゆえ，国は子どもたちが全国どこに住んでいても，一定レベルの教育を受けられるようにするためには，国として教師教育の標準化を行うことが重要だと考えて，政策を進めてきました。

しかし，教師教育に対する国の影響力が増すということは，大学による自律的な教師教育や開放制といった戦後の教員養成の理念が崩れていき，国により「管理される教員」が育成されていく事態が進行しているとも言えます。しかも，その改革は，首相（第２次安倍晋三内閣）の私的諮問機関が大きく影響を及ぼした政治主導のものです[*18]。中立に見える教師関連政策は，そのときどきの政権にとって都合のよいものとなっている可能性があることに注意する必要があるでしょう。

また，実践的指導力を重視し，現場主義的な教師が増えるとどのようになるでしょうか。国や教育委員会は，「教職志望学生が教師になったときに円滑に学校現場に入り，教職を続けられるように」という思いを持って，現場経験を重視した政策を整備し，教職課程の講師は学生を熱心に指導しています。また，教職課程コアカリキュラム導入や教員育成指標の作成といった教師教育の標準化によって，教師として成長すべき道筋が設定され，特定の価値観をみんなで共有していく状況が生まれる可能性も否定できません。すなわち，教師全員が同じ考え方を持ち，同じ方向を向いて取り組みを行うようになる可能性があります。

また，学校現場に目を向けると，New Public Management（NPM）型学校改革が行われています。NPMとは，民間企業経営の理念を公共機関に適応させた行政管理・組織経営方法のことです[*19]。たとえば，学校評価や教員評価の導入，校長に対する職員会議の補助機関化，主幹教諭などの設置による学校組織の階層化などがあります。いずれも既存の学校目標を達成するための組織改革です。その改革が進行する中，教師の教職意識は子どものよりよい成長を優先する専門職というよりも，組織への帰属を重視する「組織の一員」としての性質が強くなってきていると言われています[*20]。

＊18　油布佐和子「教員養成政策の現段階――首相官邸，財務省，財界によるグランドデザイン」『日本教師教育学会年報』第24号，2015年，52～60頁。

＊19　勝野正章「教師の職務の公共性と専門家としての責任」佐藤学（編）『岩波講座　教育　変革への展望４　学びの専門家としての教師』岩波書店，2016年，227～243頁。

つまり，教師教育改革と学校改革が一体となった教育関連制度改革を通して，行政機関が設定した目標を効率的・効果的に達成できる教師，同じ方向を向いた教師の育成が行われる仕組みが整備されてきていると言えるでしょう。このことは，国家が理想とする教育と社会を現実のものにするうえでは効果的であるかもしれません。しかし，その一方で，そうした状況の中で，教師たちが既存の目標を疑わなくなった結果，批判的に検討する視点が弱められて，たとえ子どもたちにとって大切な事項であっても既存の目標以外は重視しなかったり，考えたりしない思考の枠組みがいつの間にか形成されてしまう危険性もあります。

4　求められる教師

現在の教師教育の課題を克服しつつ，子どものよりよい成長と社会の発展のために貢献できる教師になるためにはどのようなことが必要でしょうか。

第一は，学び続ける教師としての態度を身に付けることです。教職生活でいくつもの新たな課題が出現してくる中で，それらに対応していくためには，教師としての不断の成長が求められます。まず，教職課程の各授業で求められる目標を確認し，それを達成することを意識する必要があるでしょう。そのことを通して，子どもにとって実りの多い授業をしたり，学級経営をしたりしつつ，複雑で多様化した教育課題に対応できる資質能力の基礎を習得することが大切です。

第二は，物事を批判的に，相対的に捉えられる力を身に付け，一人の主体的な教師になることです。現在の教師教育改革はみんなが類似した考え方や価値観を形成していくような政策に基づいて進められています。そういう状況では，教師は受け身になり，彼らの主体性が保障されにくくなります。学校は多様な子どもたちが学ぶところです。彼ら一人ひとりにしっかりと向き合い，教育を行うためには，多様な教師が集まり，みんなで大きな力を創り出していくこと

＊20　油布佐和子ほか「教職の変容――『第三の教育改革』を経て」『早稲田大学大学院教職研究科紀要』第２号，2010年，51～82頁。

が必要でしょう。学校組織が特定の価値観に基づいた標準化された資質能力の教師集団で構成されるのであれば，多様な子どもたちに対応していくことは難しいかもしれません。

教師が主体性を持った個性的な存在であるためには，子どものことについて自律的に考えられるような力を持つ必要があります。そのためには，クリティカル・シンキングをできるようにすることが重要でしょう。養成教育期間に，教育実習や学校ボランティアなどの現場体験をたくさん積み，教師に求められる資質能力を経験的に学ぶとともに，それを振り返り，その経験を相対化することが求められています。そのためには，大学における理論的な学修から教育現象を理解する新しい視点を持つことも重要です。そういったことを通して，新たな教育実践を創造していく力を身に付け，主体性を持った教師になっていくことが求められます。

まとめ

大学の自律性を基盤とした開放制教員養成と相当免許状主義という理念をもとに，第二次世界大戦後の日本の教員養成はスタートしました。

その後の教師教育改革では，免許状の弾力化，教師教育の高度化，実践的指導力の重点化，教師教育の標準化が行われました。それらの改革の影響を受けて，全国的に一定レベルの実践的指導力を有する教師が養成され，教員養成の質保証を通して教師と教育の質保証を行う環境が整備されてきています。その一方，戦後の教員養成理念が揺らぐとともに，「管理される教員」が養成され，また教師全員が類似する思考枠組みや価値観を持つようになり，教師の主体性と多様性が欠如していく可能性も出てきています。将来教師を目指すためには，クリティカル・シンキングを身に付け，教育について主体的に考え，実践していける存在になることが重要です。

さらに学びたい人のために

○日本教師教育学会（編）『日本の教師教育改革』学事出版，2008年。

本書は，戦後の教員養成とその課題，これからの教師と教師教育に対する教員制度改革の影響について論じています。さまざまな専門分野の研究者によって執筆された論文が集録されており，教師教育の状況を総合的に捉えられます。

○船寄俊雄（編）『教員養成・教師論』日本図書センター，2014年。

　本書は，教員養成史研究において蓄積されてきた優れた論文を編んだものです。日本の教員養成についてこれまでどのような議論や検討がなされてきているのかといった，教員養成の歴史について理解することができます。

○佐藤学『専門家として教師を育てる——教師教育改革のグランドデザイン』岩波書店，2015年。

　本書は，教師教育改革の現状と課題，さらには教師が専門家として育っていく筋道を記述したうえで，21世紀に対応した教師政策と教師教育改革の提案をしています。

コラム②

教師の働き方

日本の教師は通常の１週間に仕事を何時間しているのでしょうか。2018年に実施されたOECD国際教員指導環境調査（Teaching and Learning International Survey：以下，TALIS）によると，小学校教師は54.4時間，中学校教師は56.0時間です[*]。つまり，平日は１日あたり仕事に約11時間を費やしていることになります。調査参加国の平均は38.3時間で，そのなかでも，国際的な学力調査結果で上位にあり，日本で注目されているフィンランドの中学校教師の場合は33.3時間です。日本の教師が国際的に見て長時間労働をしていることがわかります。また，文部科学省が小学校教師と中学校教師を対象に2006年と2016年に実施した教員勤務実態調査の結果によれば，その10年間に労働時間がさらに長くなっています。労働時間が増加した背景には，若手教師の増加，総授業時数の増加，中学校における部活動時間の増加があるようです。

日本の中学校教師の業務内容とそれに費やす時間については，TALISの結果から，指導（授業）時間が平均18.3時間であるのに対し，参加国は20.3時間というように，日本の教師は２時間も少ない状況が明らかになっています。労働時間全体に占めるその時間の割合は，調査参加国の教師は53.0％で，労働時間の約半分が授業実践に費やされています。それに対し日本の教師は32.7％となっており，労働時間全体の３分の１程度しか授業に費やしておらず，授業以外に多くの時間を使っていることがわかります。指導（授業）時間以外の業務として，一般的な事務作業（日本5.6時間，参加国2.7時間）と課外活動の指導（日本7.5時間，参加国1.9時間）に時間が割かれていることが，わが国の中学校教師の業務の特徴と言えます。

こうした状況を受けて，中央教育審議会は2019年に「新しい時代の教育に向けた持続可能な学校指導・運営体制の構築のための学校における働き方改革に関する総合的な方策について」という答申を出しました。そのなかで，学校における働き方改革の目的は，「教師が我が国の学校教育の蓄積と向かい合って自らの授業を磨くとともに日々の生活の質や教職人生を豊かにすることで，自らの人間性や創造性を高め，子供たちに対して効果的な教育活動を行うことができるようになること」とされています。今後の教師の長時間労働はどのように改善されていくでしょうか。

注

＊ 国立教育政策研究所（編）『教員環境の国際比較　OECD国際教員指導環境調査（TALIS）2018報告書――学び続ける教員と校長』ぎょうせい，2019年。

第6章

社会の変化と幼児教育

学びのポイント

- 日本の幼児教育の制度的な枠組みを理解する。
- 幼児教育のねらいや基本的な考え方を理解する。
- 近年の幼児教育をめぐる改革の動向を理解し，幼児教育が果たすべき役割を考える。

WORK　幼児教育について考えてみよう

① みなさんは小学校就学前にどんな園に通っていましたか。そこでどんなことをしていましたか。それはあなたの人間形成にとってどんな意味があると思いますか。グループで話し合ってみましょう。

② 2006年に認定こども園が設置されました。みなさんの住んでいる近くに認定こども園はありますか。インターネットで調べてみて，ホームページを見てみましょう。幼稚園や保育所とはどう違うでしょうか，調べてみましょう。

③ 幼児教育では，幼児の自発的な活動としての遊びを大切にしています。それはどんな遊びだと思いますか。なぜ，そうした遊びが幼児にとって大切なのでしょうか。グループで話し合ってみましょう。

④ いま共働きの家庭が増えています。そのことは幼児教育にどのような影響を与えているでしょうか。調べてみましょう。

●導　入●●●●●●●

みなさんは，「幼児教育」という言葉を聞いて何を思い浮かべるでしょうか。文部科学省の中央教育審議会が示した定義によれば，幼児とは，「小学校就学前の者」を指します。したがって，幼児教育とは，小学校就学前の子どもを対象として行われる教育ということになります。家庭における教育だけでなく，幼稚園や保育所等の施設で行われる教育，地域社会における教育を含めた「幼児が生活するすべての場において行われる教育」の総称です。このように幼児教育は広い意味を持つ概念ですが，本章では，幼稚園や保育所等の就学前の幼児教育施設で行われる教育のことを指す言葉として用います。[＊1]

近年，幼児教育は国際的に注目されており，制度も大きく変化しています。そこで本章では，教育の社会的事項に関する内容の１つとして幼児教育に着目し，わが国の幼児教育の現行の制度について概観したうえで，幼児教育が抱える諸課題についても見ていきます。

●●●●●●●●

1　幼児教育の重要性

わが国の義務教育は「満六歳に達した日の翌日以後における最初の学年の初め」（学校教育法第17条）から始まります。現行の教育制度において幼児教育は，すべての幼児が受けることを義務づけられているものではありません。だからといって，幼児教育は義務教育よりも重要度や必要度が低い教育ということではありません。教育基本法第11条では，「幼児期の教育は，生涯にわたる人格形成の基礎を培う重要なものである」と明記されており，幼児教育の重要性とその振興に努めることが法的に規定されています。また，学校教育法第１条では，わが国における学校種の中で幼稚園が最初に位置づけられており，小学校以降の学校教育の始まりとして「義務教育及びその後の教育の基礎を培うも

＊1　本章では，教育の対象の時期に重点を置いた言葉として「幼児教育」を用いる。幼稚園や保育所等の幼児教育施設における教育を意味する用語として「保育」という言葉が用いられることもある（森上史朗・柏女霊峰（編）『保育用語辞典［第８版］』2015年）。なお，幼児教育の職に就いている者を子どもの保育に携わる者であることを意味する「保育者」と表記する。

の」（学校教育法第22条）であることが示されています。

さらに近年では，諸外国の研究において，質の高い幼児教育がその後の学力の向上や将来の所得の向上，生活保護受給率の低下等につながることが明らかにされており，国の投資効率の観点からも注目を集めています[*2]。OECD（経済協力開発機構）は，幼児教育・保育（Early Childhood Education and Care：ECEC）の質の向上のため，各国の幼児教育・保育政策の分析や国際比較等を継続して行っています。このように幼児教育は，世界各国において国家戦略の一環としても，その重要性が広く認知されるようになっています[*3]。

2 多様な幼児教育施設

現在，わが国において，幼児教育を行う施設は多様に存在していますが，公的に保育の内容の基準が定められている施設としては，幼稚園，保育所，幼保連携型認定こども園の３つがあります。これらは，幼児教育を行う施設であるという点では共通していますが，それぞれ制度的な位置づけが異なります。

表６－１に示されているように，幼稚園は，満３歳からの子どもを対象に１日４時間を標準とした教育を行う文部科学省が所管する「学校」です。保育所は，保護者の就労等の事情により保育を必要とする０歳からの子どもを対象に１日最大11時間の保育を行う「児童福祉施設」で，所管は厚生労働省です。幼保連携型認定こども園は，保護者の就労にかかわらず受け入れを行う幼稚園的機能と保育所的機能の両方を併せ持つ施設で，すべての子育て家庭を対象として地域の子育て支援を担うことも求められています。

図６－１は，３歳以上の子どもの施設別の利用者数を示していますが，３歳以上になると多くの子どもがいずれかの施設に通うようになることがわかります。このようにわが国では制度的位置づけが異なる３つの施設が幼児教育を担っています。

＊２　ジェームズ・J・ヘックマン，古草秀子（訳）『幼児教育の経済学』東洋経済新報社，2015年。
＊３　池本美香「経済成長戦略として注目される幼児教育・保育政策——諸外国の動向を中心に」『教育社会学研究』88，2011年，27～45頁。

表6－1　幼稚園・保育所・幼保連携型認定こども園の比較

	幼稚園	保育所	幼保連携型認定こども園
施設の性格	学校	児童福祉施設	学校かつ児童福祉施設
所　管	文部科学省	厚生労働省	内閣府・文部科学省・厚生労働省
根拠法令	学校教育法	児童福祉法	就学前の子どもに関する教育，保育等の総合的な提供の推進に関する法律
保育の内容の基準	幼稚園教育要領	保育所保育指針	幼保連携型認定こども園教育・保育要領
対　象	一般的に満3歳から小学校就学前の幼児	保育を必要とする事由に該当する0歳（園によって異なる）から小学校就学前の乳幼児	0歳（園によって異なる）から小学校就学前の乳幼児
利用できる保護者	制限なし	共働き世帯，親族の介護等の事情で，家庭で保育のできない保護者（保育を必要とする事由）	• 0～2歳：共働き世帯，親族の介護等の事情で，家庭で保育のできない保護者（保育を必要とする事由） • 3～5歳：制限なし
保育時間	• 1日4時間を標準とする。 • 園により保育時間後や土曜日，夏休みなどの長期休業中の預かり保育などを実施。	• 1日8時間を原則とする（最長11時間）。保護者の就労時間，地域の実情等を考慮し市町村長が決定する。 • 原則，土曜日開園（日曜日，国民の祝日等のほか，休日はない）。	• 保育を必要とする事由のある子どもの場合，保護者の就労時間，地域の実情等を考慮し市町村長が決定する（最長11時間）。原則，土曜日開園。 • その他の子どもは，1日4時間を標準とする。園により保育時間後や土曜日，夏休みなどの長期休業中の預かり保育などを実施。
資　格	幼稚園教諭免許状	保育士資格	保育教諭 （幼稚園教諭免許状＋保育士資格）

出所：関連する法令等に基づき筆者作成。

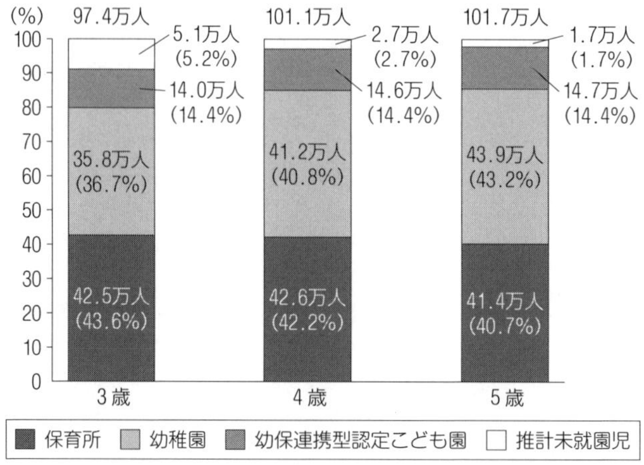

図6－1　幼稚園・保育所・幼保連携型認定こども園の年齢別利用者数および割合（2018年）

出所：『少子化社会対策白書（令和元年版）』第1部「少子化対策の現状」第2章「少子化対策の取組」68頁より筆者作成。

3　わが国の幼児教育の歴史的変遷

なぜ，幼児教育には，幼稚園・保育所・幼保連携型認定こども園といった異なる施設があるのでしょうか。こうした現在の体制に至る歴史的経緯について見ていきましょう。

1　幼稚園・保育所の始まりと制度的二元体制の成立

わが国の幼稚園の発展の基礎となったのは，1876（明治9）年に開設された東京女子師範学校附属幼稚園（現お茶の水女子大学附属幼稚園）とされています。開園当初の園児は，上流階級の子女が大部分を占めており，幼稚園に通ったのはごく一部の限られた子どもでした。

一方，貧しい農村部では，父親だけでなく母親も労働に従事しなければならなかったため，その間，幼い子どもは放置されたり，年長の子どもが面倒を見ていました。こうした背景を受け，1890（明治23）年に新潟市で赤沢鍾美（あつとみ）・仲子夫妻が乳幼児を預かる施設として託児所を開設し，これが後の保育所の発展の契機となりました。

このように幼稚園と保育所は，当初から目的や役割の異なる施設として始まりました。そして戦後，幼稚園は1947年に制定された「学校教育法」において文部省（当時）の所管する学校として，保育所は同年に制定された「児童福祉法」において厚生労働省が所管する児童福祉施設として位置づけられました。これによって幼児教育を行う施設の制度的二元体制が成立しました。この二元体制は，それぞれの施設が社会的に果たす機能の違いを意味するものであり，保育所は保護者の就労等の事情により「保育に欠ける[＊4]」０歳からの子どもの受け入れを行う施設として，幼稚園は就労の有無にかかわらず３歳以上の子どもが通う施設として規定されました。

2　認定こども園の設置

幼稚園と保育所は，そのときどきの社会的要請に応じて量および質の充実を図ってきました。しかし，近年の少子化の進行，就労形態の多様化，待機児童の増加や地域の子育て支援の必要性等，社会構造の著しい変化に伴い，既存の制度の枠組みでは柔軟に対応することが難しいさまざまな課題が顕在化するようになりました[＊5]。

これらの多様な課題への対応を図るために，幼稚園と保育所の両方の機能を併せ持ち，保護者の就労状況等の区別なく受け入れを行う「認定こども園」が2006年に設置されました。認定こども園には，地域の実情や保護者のニーズに応じて選択が可能となるように，多様なタイプが設けられています（表６－２）。そして，2015年４月に「子ども・子育て支援新制度」が施行されるにあたって，

＊４　1947年の児童福祉法制定時の記述。現行は，「保育を必要とする」と記されている。

＊５　文部科学省中央教育審議会「別紙　就学前の教育・保育を一体として捉えた一貫した総合施設について（審議のまとめ）」2004年。 https://www.mext.go.jp/b_menu/shingi/chukyo/chukyo0/toushin/attach/1420143.htm（2021年２月１日閲覧）

表6－2　認定こども園の4つのタイプ

幼保連携型	幼稚園的機能と保育所的機能の両方の機能をあわせ持つ単一の施設として，認定こども園としての機能を果たすタイプ
幼稚園型	認可幼稚園が，保育が必要な子どものための保育時間を確保するなど，保育所的な機能を備えて認定こども園としての機能を果たすタイプ
保育所型	認可保育所が，保育が必要な子ども以外の子どもも受け入れるなど，幼稚園的な機能を備えることで認定こども園としての機能を果たすタイプ
地方裁量型	幼稚園・保育所いずれの認可もない地域の教育・保育施設が，認定こども園として必要な機能を果たすタイプ

出所：内閣府「認定こども園概要」より筆者作成。https://www8.cao.go.jp/shoushi/kodomoen/gaiyou.html（2021年2月1日閲覧）

認定こども園に関する法律の改正がなされ，「幼保連携型認定こども園」が学校及び児童福祉施設としての法的位置づけを持つ単一の施設として創設されました。

4 幼児教育の基本的な考え方

1 保育の内容の基準

みなさんは就学前にどの幼児教育施設に通っていたでしょうか。そして，そこでの記憶をたどっていくと，どんなことが思い出されるでしょうか。周囲の人と話し合ってみると，幼児教育を受けた施設によって，あるいは地域によって，経験した内容には違いが見られるかもしれません。また，幼児教育は小学校以降の教育とは異なる部分が多いことがわかるでしょう。

では，幼児教育は各施設で自由にその内容や方法を決めて実施することができるのでしょうか。幼児教育においても小学校以降の教育と同様に，保育の内容の基準が定められています。具体的には幼稚園は『幼稚園教育要領』，保育所は『保育所保育指針』，幼保連携型認定こども園は『幼保連携型認定こども園教育・保育要領』において，その内容が規定されています。なお，これらの要領や指針における幼児教育の基本的な考え方や内容は整合性がとられており，各幼児教育施設には，どの施設に子どもが通っても同じように教育を受けることができるように保障していくことが求められています[*6]。

2　環境を通して行う教育

『幼稚園教育要領』（2017年改訂）の冒頭では，幼児教育の基本的な考え方について以下のように示されています（第１章「総則」第１「幼稚園教育の基本」。下線は筆者）。

> 幼児期の教育は，生涯にわたる人格形成の基礎を培う重要なものであり，幼稚園教育は，学校教育法に規定する目的及び目標を達成するため，幼児期の特性を踏まえ，環境を通して行うものであることを基本とする。

ここに記されているように幼児教育は，「環境を通して行う教育」を基本としています。では，それはどのような教育のことなのでしょうか。『幼稚園教育要領解説』（2018年）によれば，ここでの「環境」とは「自然環境に限らず，人も含めた幼児を取り巻く環境の全て[*7]」を指しています。幼児期は，生活の中で自分の興味や欲求に基づいた直接的・具体的な体験を通して環境とかかわり，環境との相互作用によって発達に必要な経験を積み重ねていく時期とされています。こうした幼児期の発達の特性をふまえて，「環境の中に教育的価値を含ませながら，幼児が自ら興味や関心をもって環境に取り組み，試行錯誤を経て，環境へのふさわしい関わり方を身に付けていくことを意図した教育[*8]」を行うことが基本とされているのです。つまり，環境を通して行う教育は，幼児期の発達を保障する教育のあり方であると言えます。

＊６　無藤隆『平成29年告示の保育（幼稚園教育要領・保育所保育指針・幼保連携型認定こども園教育・保育要領）３法令改訂（定）の要点とこれからの保育』チャイルド本社，2017年。
＊７　文部科学省『幼稚園教育要領解説』フレーベル館，2018年，14頁。
＊８　前掲書，27頁。

3　遊びを通しての総合的な指導

環境を通して行う教育では，「遊びを通しての総合的な指導」を中心に行うことが重視されています。これは，遊びを通して周囲の環境に多様にかかわることが幼児の「心身の調和のとれた発達の基礎を培う重要な学習[*9]」となるからです。

遊びを通しての総合的な指導において保育者は，遊びを中心とした生活の中で幼児が自らの生活と関連づけながら，生活に必要な能力や態度などを獲得していくことができるように，日々の教育活動において意図的・計画的に環境を用意する必要があります。また，一人ひとりの幼児が主体的に取り組み，発達に必要な体験を得られるように，状況に応じた適切な援助をしていくことも求められます。

4　「育みたい資質・能力」および「幼児期の終わりまでに育ってほしい姿」

幼児教育には，教科という考え方も教科書もありません。これらがないことにより，日々の教育活動は，各園の幼児の発達の実情や生活の流れなどに応じて柔軟に行われています。ただし，それだけでは個々の園や保育者の考え方によって幼児が取り組み経験する内容は大きく左右されることになり，偏りが生じることも考えられます。そこで幼児教育では，どの施設においても，幼児教育期間の全体およびその後の教育を見通して，それぞれの発達の時期にふさわしい生活が展開できるように，目指すべき方向性として「育みたい資質・能力」が各要領・指針に示されています。さらにそれらが育まれている具体的な姿として「幼児期の終わりまでに育ってほしい姿」が定められています。

幼児教育において育みたい資質・能力とは，「知識及び技能の基礎」「思考力，判断力，表現力等の基礎」「学びに向かう力，人間性等」の３つで，各要領・

＊9　文部科学省『幼稚園教育要領解説』フレーベル館，2018年，26頁。

図６－２　幼児期の終わりまでに育ってほしい姿（10の姿）

出所：「幼児教育部会における審議の取りまとめについて（報告）」より筆者作成。 https://www.mext.go.jp/b_menu/shingi/chukyo/chukyo3/057/sonota/1377007.htm（2021年２月１日閲覧）

指針では以下のように示されています。

- 豊かな体験を通じて，感じたり，気付いたり，分かったり，できるようになったりする「知識及び技能の基礎」
- 気付いたことや，できるようになったことなどを使い，考えたり，試したり，工夫したり，表現したりする「思考力，判断力，表現力等の基礎」
- 心情，意欲，態度が育つ中で，よりよい生活を営もうとする「学びに向かう力，人間性等」

この３つの資質・能力は，乳幼児期の発達の連続性とともに，小学校以降の教育とのつながりもふまえて整理されたものです。そして，この「育むべき資質・能力」が育まれている幼児の具体的な姿として「幼児期の終わりまでに育ってほしい姿」が定められています（図６－２）。これは，園生活を通して幼児期にふさわしい遊びや生活を積み重ねることにより，とくに５歳児後半に見られるようになる姿を示すものであり，10の姿で表されています。

ただし，留意しなければならないのは，「幼児期の終わりまでに育ってほしい姿」は，遊びの中で幼児が発達していく姿の方向を示すものであり，到達すべき目標ではないということです。したがって，すべての幼児に同じように見られるものではないことや，それぞれの姿を個別に取り出して指導していくものではないことにも十分注意する必要があります。上述の幼児教育の特質をふまえて，環境を通して行うことを基本とし，遊びを通した総合的な指導の中で一体的に育んでいくものとされています。

5　幼児教育の「ねらい」および「内容」

では，いわゆる教科指導を行わない幼児教育において上記の資質・能力や10の姿を育んでいくためには，日々の教育活動で，何をねらいとして，どのようなことを指導していけばよいのでしょうか。幼児教育における「ねらい」と「内容」については，発達の側面からまとめて以下の５つの領域が編成されています（『幼稚園教育要領』第２章「ねらい及び内容」)。

- 心身の健康に関する領域「健康」
- 人とのかかわりに関する領域「人間関係」
- 身近な環境とのかかわりに関する領域「環境」
- 言葉の獲得に関する領域「言葉」
- 感性と表現に関する領域「表現」

各領域には，「ねらい」(幼児が生活を通して発達していく姿をふまえ，幼児教育において育みたい資質・能力を幼児の生活する姿から捉えたもの）と「内容」(ねらいを達成するために保育者が幼児の発達の実情をふまえながら指導し，幼児が身に付けていくことが望まれるもの)，「内容の取扱い」(幼児の発達をふまえた指導を行うに当たって留意すべき事項）が示されています。各領域に記されている事項は，保育者が幼児の生活を通して総合的な指導を行うための「視点」です。したがって，これらの５つの領域は「それぞれが独立した授業として展開される小学校の教科とは異なるので，領域別に教育課程を編成したり，特定の活動と結び付けて指導したりするなどの取扱いをしないように[*10]」しなければなりません。

＊10　文部科学省『幼稚園教育要領解説』フレーベル館，2018年，143頁。

5 これからの幼児教育

わが国では，1990年の「1.57ショック[*11]」を契機として，出生率の低下と子どもの数が減少傾向にあることが少子化問題として認識されるようになりました。少子化の進行は，個人や地域，企業，国家に至るまで多大な影響を及ぼすおそれがあります。そこで政府は，仕事と子育ての両立支援等，子どもを生み育てやすい環境づくりに向けてさまざまな対策を講じてきました。こうした取り組みは，幼児教育のあり方にも大きな影響を与えています。

たとえば，「少子化社会対策大綱」(2020年）では，近年の待機児童解消の取り組みは，少子化対策の重点課題の１つとして示されています。就労しながら子育てしたい家庭を支えるための環境整備を目指し，保育の受け皿の拡大や保育人材の確保が具体的な課題として挙げられています。

このような取り組みにより，2019年４月１日時点の待機児童数は１万6,772人で，前年度と比較して約3,000人の減少となり，待機児童数調査開始以来最少の調査結果となりました[*12]。また，認定こども園は，親の就労状況にかかわらず利用が可能であるなど，保護者や地域の多様なニーズに柔軟に対応しうる施設であるという理由により，引き続き普及を図ることが推進されています[*13]。

さらに，2019年10月から，３歳から５歳までの子どもおよび０歳から２歳までの住民税非課税世帯の子どもについて，幼稚園，保育所，認定こども園等の利用料の無償化がスタートしました（図６－３）。こうした幼児教育の無償化などの子育ての負担軽減措置は，少子化対策の１つであるだけでなく，生涯にわたる人格形成の基礎を培うために質の高い幼児教育の機会を保障するという重要な意味を持っています。

＊11　1.57ショックとは，1989年の人口動態統計において合計特殊出生率が過去最低の1.57に低下したことが判明したときの衝撃のことを指す（内閣府『平成19年版少子化社会白書』24頁)。合計特殊出生率とは，「１人の女性がその年齢別出生率で一生の間に生むとしたときの子どもの数に相当」(厚生労働省『平成30年人口動態統計（確定数）の概況』２頁）するものである。

＊12　内閣府『令和２年版　子供・若者白書』182頁。

＊13　前掲書，183頁。

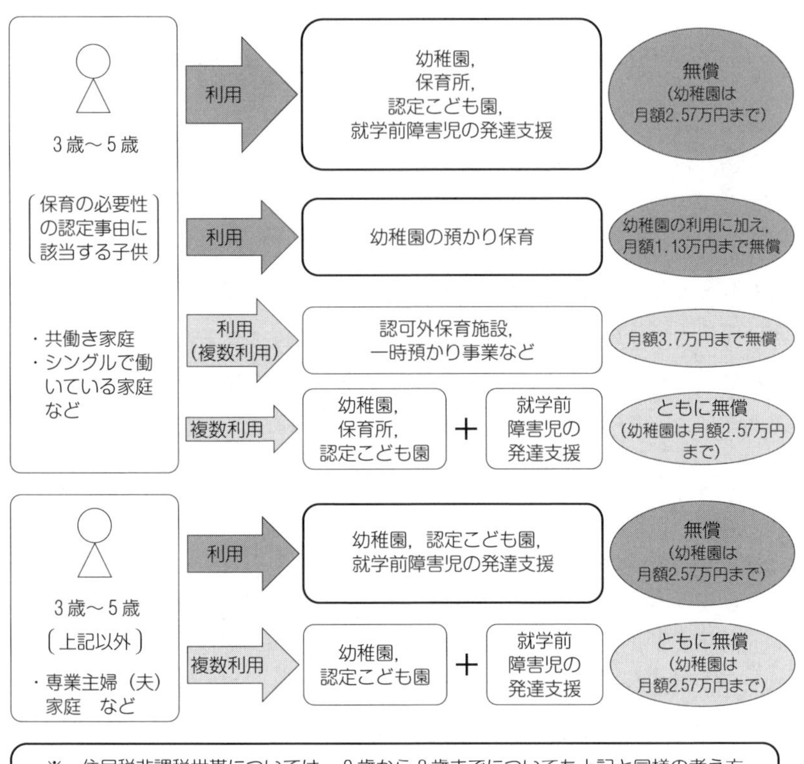

図6－3　幼児教育・保育の無償化の主な例

出所：内閣府「幼児教育・保育の無償化概要」掲載資料。https://www8.cao.go.jp/shoushi/shinseido/musyouka/pdf/musyouka2.pdf（2021年2月1日閲覧）

まとめ

幼児教育について，その後の教育の基盤としての重要性とともに，幼児教育をめぐるわが国の現状や歴史，制度，基本的な考え方について概説してきました。これらは幼児期の発達や学びを保障するための仕組みと捉えることもできるでしょう。ただし，この仕組みは子どもが生きる社会の状況に応じて変化し続けています。とりわけ，わが国が直面している少子化問題と幼児教育のあり方は密接にかかわり，幼児教育施設のおかれている状況も変化しています。

しかしながら，その変化は決まったものではありません。変化に応じて，その都度，幼児期の子どもの育ちを保障するための選択が求められます。この選択を最善のものとするためには子どもの育ちにかかわる大人一人ひとりが，幼児教育についての理解をさらに深めることが不可欠となります。

小学校以上の校種の教員免許状を取得する人にとっても幼児教育の理解は欠かせません。なぜなら，本章第１節で紹介したように，幼児期の教育は義務教育及びその後の教育の基礎を培うものであるとされているからです。また，「環境を通して行う教育」を基本とする幼児教育の意義を十分にふまえて，その後の教育をつなげていくことは幼児教育から小学校教育への移行を円滑にするうえで，きわめて重要です。

さらに学びたい人のために

○ OECD（編著），秋田喜代美ほか（訳）『OECD 保育の質向上白書――人生の始まりこそ力強く：ECEC のツールボックス』明石書店，2019年。

OECD が幼児教育・保育（ECEC）に関する現状や政策を概観し，政策提言をまとめたStarting Strong シリーズの第三巻の全訳です。本書では ECEC における質とは何かを定義したうえで，その質を高めるのに有効な政策介入のポイントを提案しています。

○ルドヴィクァ・ガンバロ，キティ・スチュワート，ジェーン・ウォルドフォーゲル（編），大野歩ほか（訳）『保育政策の国際比較――子どもの貧困・不平等に世界の保育はどう向き合っているか』明石書店，2018年。

子どもの貧困や不平等などの課題に対処するために質の高い幼児教育・保育の提供は欠かせません。本書はイギリス，ノルウェー，フランス，オランダ，ドイツ，ニュージーランド，オーストラリア，アメリカの８か国の保育政策における取り組みを概観したうえで，各国に共通した政策上の課題について論じています。

○榎沢良彦『幼児教育と対話――子どもとともに生きる遊びの世界』岩波書店，2018年。

本書は幼児教育における保育者と子どもの関係の原理的理解を深めるうえでさまざまな示唆を与えてくれる研究書です。著者によれば，保育には独自の大人の子どもへのかかわり方があり，それによってなされる教育が保育であるといいます。幼児教育において子どもと保育者はどのようにその世界を生きているのかを追究し，子どもと保育者の双方の成長にとっての対話の意味を検証しています。

第7章

学校の危機管理と学校安全

・・・ 学びのポイント ・・・

- 学校安全のねらいと体系を理解する。
- 安全教育，安全管理，組織活動の内容を理解する。
- 学校安全をめぐる諸課題について検討する。

WORK　学校事故を未然に防ぐには

学校事故を未然に防ぐためには，施設・設備の点検や事故を起こさないための教職員の意識啓発が求められています。そこで，以下の2つの問いに答えてください。そのうえで，学校事故を防ぐためにはどんなことが必要かを考えてみましょう。

①　あなたは小学校の校庭にある鉄棒の安全点検をしようとしています。どのような危険を想定して点検しますか。

②　中学校や高校の運動部の活動では，毎年多くの熱中症による被害が発生しています。どうしてこうした問題が減らないと思いますか。

導　入

学校では，さまざまな事故や事件が発生し，児童生徒や教職員が巻き込まれることもあります。このため学校は，学校安全をめぐる問題の発生の防止と事案発生後の対応について適切な対応を取らなければなりません。このため近年では，教職課程でも学校安全について学ぶことが求められるようになりました。本章では，学校安全を構成する安全教育，安全管理，組織活動の３点について概説するとともに，学校安全をめぐる諸課題について検討します。

1　学校安全への関心の高まり

教職課程のカリキュラムは，時代の変化に合わせてさまざまな科目が追加されたり，変更が加えられてきました。そのなかで，2019年度から加えられたのが学校の危機管理を含めた学校安全に関する内容です。

このことに対する関心が高まった１つのきっかけは，2001年６月８日に大阪教育大学附属池田小学校で起きた無差別殺傷事件でした。その日の２時間目の授業中の午前10時過ぎに，出刃包丁を持った男が校内に侵入し，低学年の教室等において児童・教員23名を殺傷しました。

同大学のホームページに事件の経過が詳しく記載されていますが，それを読むと，学校の危機管理の点でさまざまな問題があったことがわかります。たとえば，２年生の担任教員は，体育館の横で犯人とすれ違ったときに，保護者でもなく教職員でもないと思ったにもかかわらず，犯人の行く先を確認せず，不審者という認識を抱けなかったそうです。死亡した児童は８名でしたが，即死ではなく，救命活動の遅れによる失血死でした。大阪教育大学のホームページには，「児童に対する組織的な避難誘導，救命活動，搬送処置が行えず，被害を最小限にくい止めることができなかった」と記されています[*1]。

＊1　大阪教育大学附属池田小学校事件の概要に関するサイトより。https://osaka-kyoiku.ac.jp/safety/fuzoku/ikd/goui/jikengaiyo.html（2021年９月21日閲覧）

また，2011年３月11日に発生した東日本大震災で起きた津波により，宮城県石巻市立大川小学校では，児童74名，教員10名が亡くなりました。石巻市の震度は６強でした。北上川のたもとにある大川小学校の児童たちは，揺れがいったん収まると校庭に移動しましたが，それから約50分そこで待機したのだそうです。学校の裏手は山になっているのですが，津波を想定してそちらに避難すべきかどうかで教員たちの意見が分かれ，結局，北上川にかかる橋の堤防道路の方向，つまり津波が来る方向に子どもたちを歩かせたところ，４キロ先の海から北上川を逆流してきた津波に襲われたのでした[*2]。

これらの大事件や大事故以外にも，登下校中の交通事故や校庭の遊具でのけがなど，子どもの安全に関する問題は頻繁に起きています。学校は，そうした事故や事件を未然に防ぎ安全を維持することが求められているとともに，事故や事件が起きたときに，その影響を最小限に抑えて，被害が広がらないように努めることが求められています。こうしたことから教職課程のカリキュラムの必須事項として学校安全への対応が加えられました。

2　学校安全のねらい，体系，領域

学校安全は，学校保健，学校給食とともに，「生涯を通じて健康・安全で活力ある生活を送るための基礎を培う」(小学校学習指導要領第１章第１の２の(3))ための学校健康教育の一部をなすものとして位置づけられています。また，文部科学省が2019年に刊行した「『生きる力』をはぐくむ学校での安全教育」によれば，学校安全のねらいは以下のように説明されています[*3]。

> 児童生徒等が，自他の生命尊重を基盤として，自ら安全に行動し，他の人や社会の安全に貢献できる資質・能力を育成するとともに，児童生徒等の安全を確保するための環境を整えることである。

＊２　Huffpost「『津波まで50分あったのに，なぜ』 大勢が犠牲になった大川小で，遺族は2000人の子どもたちに問いかけた。」2021年３月11日。

＊３　文部科学省「『生きる力』をはぐくむ学校での安全教育」2019年，10頁。

この文面でわかるのは，学校安全というのは，「自ら安全に行動し，他の人や社会の安全に貢献できる資質・能力を育成する」という安全教育と，「児童生徒等の安全を確保するための環境を整える」という安全管理の２つのねらいが含まれていることです。

また，学校安全を安全・危険の内容に着目して分類すると，「生活安全」「交通安全」「災害安全」の３つの領域に大別することができます。このうち，「生活安全」は，学校や家庭の生活で起きうるさまざまな事件や事故災害等を対象とするものです。その範囲はたいへん広く，日常生活，学校生活での事故防止もあれば，池田小学校事件のような学校への不審者侵入による被害防止なども含まれます。「交通安全」は，登下校時などのさまざまな交通場面における危険と安全，事故防止などを指します。また，「災害安全」は，地震・津波災害，火山災害，風水（雪）害等の自然災害に加え，火災による災害などに対する備えについての理解や災害が起きた際の避難や対応などが含まれます。

これらの３領域の安全について，学校は安全教育と安全管理を担うとともに，それらを統括して効果的に進めるための組織活動が求められています。これを体系的に図示したのが図７−１です。これを見ればわかるとおり，安全教育は，各教科や総合的な学習の時間，特別活動のほかに，それ以外の日常の学校生活

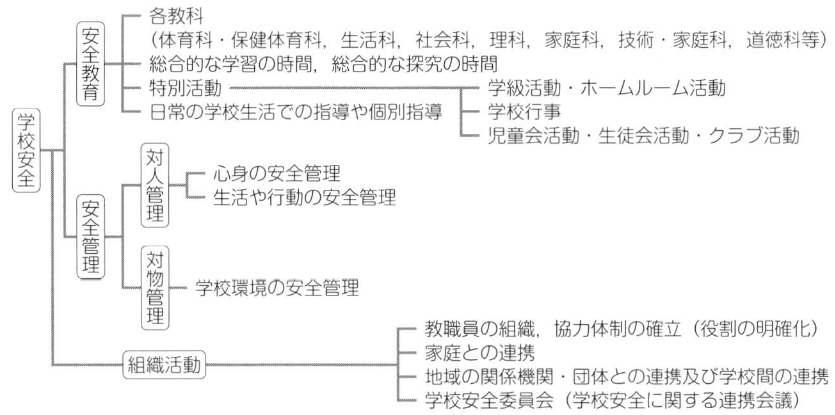

図７−１　学校安全の体系

出所：文部科学省「『生きる力』をはぐくむ学校での安全教育」2019年，12頁。

での指導や個別指導を通じてなされます。また，安全管理は，対人管理と対物管理に分けられます。組織活動には，教職員の組織編制や家庭，地域，学校間の連携，ならびに学校安全委員会の活動が含まれます。

3 学校における安全教育

図７-１に基づいて，学校安全の諸要素を順番に取り上げていきます。

まず安全教育ですが，これについては学習指導要領をふまえ，地域や学校の実態に応じて実施されることが求められています。2017年に改訂された小学校学習指導要領では，「安全に関する指導」という表現を用いて，安全教育が「体育科，家庭科及び特別活動の時間はもとより，各教科，道徳科，外国語活動及び総合的な学習の時間などにおいてもそれぞれの特質に応じて適切に行うよう努めること」としたうえで，その指導を通じて，「生涯を通じて健康・安全で活力ある生活を送るための基礎が培われるよう配慮すること」と記されました（第１章第１の２の(3)）。

安全教育の目標については，前節でも紹介した「『生きる力』をはぐくむ学校での安全教育」で以下のように説明されています[＊4]。

> 安全教育の目標は，日常生活全般における安全確保のために必要な事項を実践的に理解し，自他の生命尊重を基盤として，生涯を通じて安全な生活を送る基礎を培うとともに，進んで安全で安心な社会づくりに参加し貢献できるよう，安全に関する資質・能力を育成することである。

安全教育では，学習指導要領で指摘されている，安全な生活を送るための基礎を培うこととともに，安全確保のために必要な事項を実践的に理解することや，安全で安心な社会づくりに参加し貢献できるようになることが目標に含まれていることがわかります。そして，以上の課題を達成するために，安全教育は児童生徒の「安全に関する資質・能力」を育成することを目標としています。

＊４　文部科学省，前掲書，27頁。

安全教育の各領域では，これに基づいて，次のような行動がとれるようになることを目指しています。

①生活安全

日常生活で起こる事件・事故の内容や発生原因，結果と安全確保の方法について理解し，安全に行動できるようにする。

②交通安全

さまざまな交通場面における危険について理解し，安全な歩行，自転車・二輪車（自動二輪車及び原動機付き自転車）等の利用ができるようにする。

③災害安全

さまざまな災害発生時における危険について理解し，正しい備えと適切な判断ができ，行動がとれるようにする。

4　教育課程における安全教育

以上の目標を掲げた安全教育について，各学校は地域の特性や児童生徒などの実情をふまえて教育課程を編成します。

1　教科での安全教育

教科での安全教育には，たとえば表７-１に示した内容が挙げられています。

なお，前節で紹介した「安全に関する資質・能力」は，これらの各教科等での学習内容を横断的な視点で組み立てていくことにより確実に育むことが求められています。

2　特別活動における安全教育

小・中学校での学級活動や高校でのホームルーム活動では，日常の生活や学習への適応と自己の成長及び健康や安全に関する内容を扱うこととされています。安全教育は健康教育と併記されることが多く，たとえば小学校学習指導要

表７－１　各教科・領域での安全教育の例

幼稚園		
領域「健康」		危険な場所，危険な遊び方，災害時などの行動がわかり，安全に気を付けて行動すること
小学校		
体育科	第５学年	けがの防止
社会科	第３学年	地域の安全を守る働き
	第４学年	人々の健康や生活環境を支える事業
	第５学年	我が国の国土の自然環境と国民生活との関連
	第６学年	国や地方公共団体の政治
理科	第４学年	雨水の行方と地面の様子
	第５学年	流れる水の働きと土地の変化，天気の変化
	第６学年	土地のつくりと変化
中学校		
保健体育科	保健分野	障害の防止（交通事故や自然災害などによる障害の発生要因，交通事故などによる傷害の防止，自然災害による傷害防止，応急手当の意義実際）
社会科	地理的分野	日本の地形や気候の特色，海洋に囲まれた日本の国土の特色，自然災害と防災への取り組みなどをもとに，日本の自然環境に関する特色を理解すること
	公民的分野	「情報化」を学習する際に，防災情報の発信・活用などの具体的事例を取り上げること
理科	第２分野	「大地の成り立ちと変化」で自然の恵みと火災災害・地震災害を，「気象とその変化」で自然の恵みと気象災害を学習する
技術・家庭科	技術分野	電気機器や屋内配線等の生活の中で使用する製品やシステムの安全な使用についても扱うこと
	家庭分野	自然災害に備えた住空間の整え方についても扱うこと
高等学校		
保健体育科	保健	「安全な社会生活」として，安全な社会づくり，応急手当を学習する
地理歴史科	地理総合	「自然環境と防災」において，地域の自然環境の特色と自然災害への備えや対応の重要性などについて理解すること。地域性をふまえた防災について，自然災害への備えや対応などを多面的・多角的に考察し，表現すること
理科	地学基礎	「地球のすがた」において，火山活動と地震の発生の仕組みをプレートの運動と関連付けて理解すること。「変動する地球」において，日本の自然環境を理解し，それらがもたらす恩恵や災害など自然環境と人間生活との関わりについて認識すること
家庭科	家庭基礎	「住生活と住環境」において，防災などの安全や環境に配慮した住居の機能について理解すること。防災などの安全や環境に配慮した住生活や住環境を工夫すること

出所：文部科学省「『生きる力』をはぐくむ学校での安全教育」2019年に基づき筆者作成。

領解説では以下のとおり説明されています[*5]。

> 現在及び生涯にわたって心身の健康を保持増進するには自己管理が大切であることや，防災を含め，日常及び災害時の安全確保には正しい知識が大切であることを理解すること，健康安全を意識した行動の仕方を身に付け，情報を集め状況に応じてよりよく判断を行い行動することができるようにすることが考えられる。また，そうした過程を通して，主体的に心身の健康を保持増進したり安全に行動したりしようとする態度を養うことなどが考えられる。

学校行事でも，健康安全・体育的行事のなかに安全教育に関する行事が含まれています。ここでの安全教育には，避難訓練や交通安全，防犯等の安全に関する行事などがあります。

3　日常的な安全教育

このほかにも学校生活のさまざまな場面を通じて安全教育が行われます。朝の会や帰りの会，ショートホームルーム，休み時間，給食の時間などを通じて，あるいは個別指導により，児童生徒の安全に対する意識を涵養することや，安全な行動がとれているかを評価すること，さらに望ましくない行動を取り上げて適切な行動や実践の方法について考えさせることなどが挙げられます[*6]。

5　学校における安全管理

次に安全管理について見ていきます。「『生きる力』をはぐくむ学校での安全教育」では，安全管理は以下のように説明されています[*7]。

> 学校における安全管理は，児童生徒等の安全を確保するための環境を整えること，

＊5　文部科学省「小学校学習指導要領解説　特別活動編」2019年，56頁。
＊6　千葉県教育委員会「学校安全の手引」2020年３月（2021年５月20日改訂）を参照。
＊7　文部科学省「『生きる力』をはぐくむ学校での安全教育」2019年，53頁。

> すなわち，事故の要因となる学校環境や児童生徒等の学校生活における行動等の危険を早期に発見し，それらの危険を速やかに除去するとともに，万が一，事故等が発生した場合に，適切な応急手当や安全措置ができるような体制を確立して，児童生徒等の安全の確保を図るようにすることである。

ここに書かれているように，安全管理でまず大切なのは安全確保のための環境整備です。つまり，安全を維持して，事故や事件を未然に防ぐための日頃の備えです。それと同時に，事故が発生した際に迅速に組織的に対処するための体制を確立しなければなりません。事故や事件が起きた際に，その影響を最低限に抑えて，それ以上に被害が広がらないようにすることが重要になります。

学校における安全管理は，主に学校保健安全法に基づいています。同法では，①学校安全に関する学校の設置者の責務，②学校安全計画の策定，③学校環境の安全の確保，④危険等発生時対処要領の作成，⑤地域の関係機関等との連携の5点について述べられています。

学校の設置者とは，学校を設置する主体である国や自治体，学校法人を指します。学校保健安全法によれば，これらの設置者は，児童生徒等に生ずる危険を防止したり，危険や危害が生じた場合に適切に対処することができるように，学校の施設や管理運営体制の整備充実などの措置を講ずるように努めなければなりません。

一方，各学校は，学校安全計画を策定して実施することや，危険が発生した際の対処要領を作成することとなっています。また，児童生徒等の安全を確保するために，保護者や当該地域を管轄する警察署や関係団体との連携を図ることも努力義務として課されています。さらに校長は，自分の学校の施設や設備について，児童生徒等の安全の確保を図るうえで支障となることがあると認めた場合には，それを改善するために必要な措置を講じることとなっています。また，その措置を講ずることができないときは，その学校の設置者に対して，その旨を申し出ることとなっています。

学校における安全管理は，対人管理と対物管理に大きく分かれます。対人管理とは，児童生徒等の心身の安全管理と生活や行動の安全管理を指します。たとえば青森県が作成した「防災・安全の手引」には，対人管理の重要性が次のように説明されています[*8]。

> 児童生徒等は，危険に対する判断力が未発達であるため，その動作・行動が予期せぬ事故を招いている事例が多い。このことは，児童生徒等の生活における危険が，質量とも成人と比較にならないほど大きいことを意味するものである。また，学校種や教育活動の重点等による施設や設備の違いによる学校環境が異なること，年齢や個人により，心身の発育・発達の状態，行動，障害の種類や程度等が異なることから，学校環境や児童生徒等の特性に応じた管理も求められる。したがって，学校施設・設備の安全管理は，児童生徒等に対する直接的な行動規制としての生活管理及び危険に対する判断能力の育成のための安全学習・安全指導と関連付けることが大切である。

この文章からは，児童生徒は危険に対する判断力が未発達であること，また年齢や個人により発達・発育の状態や行動の仕方，障害の種類や程度が異なることなどをふまえて安全管理を進めていくことが必要なことがわかります。

安全管理のもう１つの要素は，学校環境の管理である対物管理です。事故などを未然に防止するために，学校と設置者が協力して学校環境の安全を保つ必要があります。学校環境における安全管理の対象は非常に多岐にわたります。校舎内の施設・設備としては，教室，廊下，階段，特別教室，体育館などが挙げられます。また校舎外には，運動場，運動用具を入れる倉庫，プールなどが挙げられます。これらの校舎内外の施設・設備を学校は設置者と協力して点検し，危険を事前に発見するとともに，危険な箇所が見つかったらそれを除去するなどの改善措置を取らなければなりません。

なお，文部科学省が作成した危機管理マニュアル作成のための手引きでは，危険箇所の抽出の仕方について説明しています[*9]。たとえば，通学中にヒヤリハットを経験した場所の情報を収集し地図上に印をつけていくことや，保健室のデータを定期的に分析して児童生徒等がけがをした場所を集計することなどは，

＊8　青森県「防災・安全の手引（二訂版）」2014年。
＊9　文部科学省『学校の危機管理マニュアル作成の手引』2018年。

対策を講じるうえで重要な情報源となります。

6 組織活動と学校安全計画の作成

第2節で触れたように，組織活動には，教職員の組織編制や家庭，地域，学校間の連携，ならびに学校安全委員会の活動が含まれます。学校安全を推進するためには学校安全計画や危機管理マニュアルに基づいて教職員の役割分担と責任を明確にし，組織的に取り組むことが要請されています。また，家庭や地域の関係機関・団体や学校間の連携や情報共有を密にすることも求められています。冒頭に紹介した事件や事故の様子を見ても，組織活動がしっかりと機能するかどうかが，被害を最小限に食い止められるか否かに大きく関わっていることが見て取れると思います。

また，組織活動を進めるうえで不可欠なのが学校安全計画や危険等発生時の対処要領の作成です。一例として，群馬県のホームページに掲載されていた中学校の学校安全計画例の4～6月分に筆者が若干修正を加えたものを表7-2に掲示しました。自治体や学校により，計画の書き方はさまざまですが，一般的な例としては，安全教育，安全管理，組織活動にわけて，月ごとの活動内容を書き込む形式が多く見られます。

表を見てわかるように，各教科で横断的に安全教育が実施されることになっています。また，特別活動のうちの学級活動ではかなり具体的な安全指導に関する内容が扱われていることや，安全管理の欄は対人管理と対物管理に分かれて記載されていることもわかります。

なお，同県のホームページでは，学校安全計画を作成する際のポイントとして，課題を明らかにすることと，実効性のある計画にすることの2点が指摘されています。課題を明らかにするためには，危険箇所の抽出に関する説明でも触れたように，自校で発生した事故を振り返ることや，地元や他の地域で発生した児童生徒に係る事件の発生状況をもとにすることも必要です。また，児童生徒の生活や意識に関するアンケート結果や日常の行動の様子を振り返ることで課題を見出すこともできるでしょう。さらに，実効性のある計画とするため

表７－２　学校安全計画の例（中学校／年間計画のうち４～６月のみ掲載）

令和○年度学校安全計画　　　　　　　　　　　　○○○立　△△△中学校

項目		月 4	5	6
月の重点		安全な登下校をしよう	体育祭を安全にやりぬこう	梅雨期を安全に過ごそう
道徳		生命の尊さ	集団の意義	自主自律
安全教育	社会	・世界と比べた日本の地域の特色（自然災害と防災への努力）		
	理科	・理科室における一般的注意 ・実験時の危険防止とふさわしい服装	・薬品やガラス器具の使い方 ・加熱器具の使い方 ・備品の点検整備	
	美術	・美術室における一般的注意	・備品の点検整備	・彫刻刀の正しい使い方
	体育分野	・集団行動様式の徹底 ・施錠や用具の使い方	・自己の体力を知る ・集団行動と協力性 ・備品の点検整備 ・新体力テストの行いと測定の仕方	・水泳の事故防止について（自己健康管理）
	保健分野	・心身の機能の発達と心の健康（１年）	・傷害の防止（２年）	
	技術・家庭	・施設設備の使用上の注意 ・作業場所の確保と危険回避	・金属材料の性質と切断 ・日常での木製品の利用	・工作加工機械や工具の安全や点検
		・実習室の使用上の注意と食についての一般的な注意	・ガスコンロの使い方 ・換気について ・ゴム管の点検	・調理実習における注意 ・日常食の調理
	総合的な学習の時間(安全)	〈活動例〉「我が町の交通安全対策調査」「地域安全マップづくり」「災害と町づくり」など		
	学級活動　第１学年	・中学生になって ・自転車の安全な乗り方 ・通学路の確認 ・部活動での安全 ・犯罪被害の防止や通報の仕方	・体育祭の取組と安全 ・災害時の安全な避難の仕方と日常の備え ・清掃方法を確認しよう	・雨天時の校舎内での過ごし方 ・校内での事故と安全な生活 ・水泳，水の事故と安全
	学級活動　第２学年	・通学路の確認 ・自分でできる安全点検 ・犯罪被害の防止や通報の仕方	・体育祭の取組と安全 ・交通事故の防止を考えよう	・雨天時の校舎内での過ごし方 ・校内での事故と安全な生活 ・水泳，水の事故と安全
	学級活動　第３学年	・犯罪被害の防止や通報の仕方 ・登下校の安全 ・自分でできる安全点検	・体育祭準備 ・心の安定と事故	・水泳，水の事故と安全 ・修学旅行と安全
	生徒会活動	・部活動紹介	・体育祭 ・校内安全点検活動	・生徒総会 ・中体連壮行会
	主な学校行事等	・入学式 ・健康診断 ・学校説明会 ・交通安全運動	・新体力テスト ・体育祭 ・防災避難訓練	・修学旅行 ・防災避難訓練（火災） ・心肺蘇生法講習会 ・合唱コンクール
安全管理	対人管理	・通学方法の決定 ・安全に関するきまりの設定	・身体の安全について及び怪我の予防	・校舎内の安全な過ごし方 ・プールにおける安全管理について
	対物管理	・通学路の確認 ・安全点検年間計画の確認（点検方法等研修含む）	・運動場など校舎外の整備	・学校環境の安全点検及び整備（階段，廊下，プール）
学校安全に関する組織活動（研修含む）		・春の交通安全運動時の啓発活動 ・教職員・保護者の街頭指導 ・危機管理体制に関する研修	・校外における生徒の安全行動把握，情報交換 ・熱中症に関する研修	・地域学校安全委員会（学校保健委員会） ・学区危険箇所点検 ・心肺蘇生法（AED）研修

出所：群馬県のホームページ「学校安全計画（作成例）」をもとに筆者作成。https://www.pref.gunma.jp/05/x5010038.html（最終更新日2019年８月30日）

には，教職員の共通理解を図り，それぞれの教科や分掌において，課題をふまえた効果的な指導を計画・立案することや，職員だけではなく児童生徒の考える機会や行動する場面を設定することも提案されています。

7 学校安全をめぐる諸課題

以上のように，学校安全は体系立てられて組織的に進められることが期待されていますが，実際にはさまざまな課題が指摘されています。その１つは，学校安全を進めるうえで支障をきたしているという意味での実務的課題です。もう１つは，学校安全政策上の課題として指摘されているものです。最後にこれら２点を紹介しておきます。

実務的な課題については，2017年に文部科学省から出された「第２次学校安全の推進に関する計画」で次の諸点が指摘されています。

- 非常に少ないものの，学校安全計画及び危機管理マニュアルをいまだ策定していない学校がある。
- 全ての教職員が十分な知識や意識を備えて学校安全に取り組んでいるとは言い難い状況にある。
- 教育課程の編成，実施，評価，改善の取組や，指導方法の工夫改善の取組について，教員間，学校間の状況に差が見られる。
- 学校施設の老朽化が深刻化しており，対策が急務である。
- 危機管理マニュアルの策定や安全点検の実施が形骸化してしまうことや，事故等が発生した後の検証が不十分であることが懸念されている。

繰り返し指摘されているのが地域や学校による違いであり，取り組みが全国的に同じ水準で進まないことが課題として問題視されています。

学校安全政策上の課題については，池田隆英が，学校安全の根拠となっている学校保健安全法が，もとは学校保健法であって，それとは別にあった日本学校安全会法が2008年に統合される形で制定された点に注目しています[*10]。先に述べたように，学校安全は安全教育と安全管理から構成されますが，こうした考え方は，学校保健や学校給食での「教育と管理」という区分に基づくものです。池田が問題にしているのは，こうした類似点がありながらも，学校保健や学校給食に見られる専門家（医師や栄養士など）の関与が学校安全には見られない点です。事故や事件への対応という学校の教員が有する専門性とはかなり異なる内容に対して，専門家が関与しない形で学校の教職員がその責任を負うことになっているというわけです。しかも，学校教員の対応によっては事後の有責が問われるため，「裁判にならないようにする」という方向で管理がなされることの問題も指摘しています。

また，内田良は，エビデンス・ベイストによる学校安全施策という考え方が浸透していない点を批判しています[*11]。内田は，学校安全の施策において「認知」されている事故と，「実在」レベルにおいて高い確率で発生している事故との間に大きな隔たりがあること，すなわち高い発生確率であったとしても見過ごされている事故が多くあることに注目する必要性を指摘しています。そのうえで，教育行政がエビデンスに基づいて，効果のある事故防止の方針を積極的に示唆することで，多くの事故が未然に防げるのではないかと提案しています。

まとめ

子どもの事故を防いだり，子どもが事件に巻き込まれないようにすることは大変重要な課題です。そのための体制をどのように構築するか，事故や事件があったときにいかにして被害を最小限に食い止めるかが問われています。そして，それを学校任せにするのではなく，行政がしっかりとしたエビデンスを収集して分析し，より効果的な防御策を考えることも求められています。また，その際に事故や事件の専門家が関与する機会や，責任の所在をどうするのかという課題も検討していかなければなりません。

＊10　池田隆英「日本における『学校の安全・危機』言説の展開――『教育と管理』の維持と『専門的事項』の捨象という“枠づけ”」『岡山県立大学保健福祉学部紀要』26，2020年，87～95頁。

＊11　内田良「学校事故の『リスク』分析」『教育社会学研究』86，2010年，201～221頁。

さらに学びたい人のために

○渡邉正樹（編著）『学校安全と危機管理　三訂版』大修館書店，2020年。

学校安全の意義と内容を網羅的に概説したテキストであり，交通事故，犯罪被害，水の事故，遊具の事故，自然災害，体育・スポーツ活動と負傷・傷害についてその実態や特徴を明らかにしたうえで対策について説明しています。また，学校事故への対応指針や事件・事故に対する責任の問題，応急手当や心のケア，教職員への学校安全・危機管理に関する研修などにも触れています。

○内田良『柔道事故』河出書房新書，2013年。

著者は日本スポーツ振興センターの死亡事故データに基づいて，中学・高校の学校内における柔道事故の死亡者が，1983～2011年の29年間で118人に達したこと，他の運動に比べて柔道での死亡確率がとび抜けて高いことを明らかにしました。本書は，こうした柔道事故の実態をエビデンスをもとに明らかにするとともに，被害者家族・全柔連らへの取材を通じて「事故ゼロ」への道を探った書です。

第Ⅱ部　学校が直面する今日的課題

第8章

地域と学校の連携

——学校評価とコミュニティ・スクール——

学びのポイント

- 地域と学校の連携が求められてきた社会的背景を理解する。
- 地域との連携に関わる制度（学校評議員・学校評価・学校運営協議会）を理解する。
- 地域との連携・協働のための学校教育活動の方法（熟議や対等な関係の重要性）を理解する。
- コミュニティ・スクールの意義と課題について指摘し，地域と学校の連携の在り方について自身の見解を述べることができる。

WORK　コミュニティ・スクールの意義と課題

コミュニティ・スクールとは，学校運営協議会を設置している学校です。学校運営協議会では，教職員・地域住民・保護者などの代表者が，学校運営や必要な支援について直接協議を行います。それにより，「地域でどのような子どもを育てるのか」という目標やビジョンを共有し，協働につなげます。

本章の図8－2（133頁）は，文部科学省のパンフレットで示されている設置のメリットについての漫画（一部を抜粋）です。また，下の表は，ある学校運営協議会の各年度の議事録を分析したものです。各委員カテゴリ別に発言回数を整理しています。

地域住民委員・教員委員・保護者委員の発言回数と発言占有率

	発言回数			発言占有率（%）		
年度	地域委員	教員委員	保護者委員	地域委員	教員委員	保護者委員
2003	166	134	28	50.6	40.9	8.5
2004	292	196	77	51.7	34.7	13.6
2005	140	152	22	44.6	48.4	7.0
2006	110	92	35	46.4	38.8	14.8
2007	55	40	19	48.2	35.1	16.7
2008	91	58	13	56.2	35.8	8.0

注：発言占有率は，年度ごとに，各選出区分の総発言回数を，3選出区分の総発言回数で除したもの。
いずれの年度も地域委員3名・教員委員4名・保護者委員3名の構成。
出所：仲田康一『コミュニティ・スクールのポリティクス』勁草書房，2015年，139頁。

これらの図表から，つぎの①～③について，まず各自で考え，つぎにグループで議論してみましょう。

① コミュニティ・スクールで生じるメリットは何でしょうか。教職員・地域住民・保護者・子どもの立場から考えてみましょう。
② 保護者委員はなぜ発言量が少なくなりがちなのでしょうか。
③ 学校運営協議会に児童・生徒も参加すべきでしょうか。

● 導　入 ● ● ● ● ● ● ●

2015年に中央教育審議会の答申「チームとしての学校の在り方と今後の改善方策について」が出されました。この答申では，「専門性に基づくチーム体制の構築」や，「学校と家庭，地域との連携・協働によって，ともに子供の成長を支えていく体制を作ること」がうたわれています。これからの学校は，教職員が，教員以外の専門スタッフや地域とも連携・協働しあう「チームとしての学校」でなければならないとの考えです。

そして，家庭や地域との連携・協働の要として期待されているのが，コミュニティ・スクール（学校運営協議会を設置した学校）です。文部科学省は全校をコミュニティ・スクールとすることで，「チームとしての学校」を実現していこうとしています。本章ではこのコミュニティ・スクールを中心に，地域と学校の連携の歴史的経緯，現状と意義，そして課題を見ていきたいと思います。

● ● ● ● ● ● ●

1　地域と学校の連携の経緯

1　「開かれた学校」

そもそも地域と学校の連携という考え方は，「チームとしての学校」答申で初めて登場したわけではありません。これまでにもさまざまな答申でその必要が言及され，さまざまな施策が講じられてきました。地域と学校の連携・協働については，その背景となった2つの考え方があります。1つが「開かれた学校」，もう1つが「自律的な学校経営」です。[*1]

まず，「開かれた学校」の考え方は，1980年代，体罰や管理教育などの形で学校教育の硬直化が見られるようになる中で登場してきました。閉鎖的な学校教育を改善しようと，「学校参加論」が教育学者などのあいだで主張されるようになりました。「教師の教育権」と異なるものとして「親の教育権」が改め

＊1　第1節第2項の2つの流れについては，主に佐藤（2016；＊13参照）のコミュニティ・スクール論の分類および仲田（2015；＊23参照）の歴史的経緯の説明を参照している。

て見直されるようになったのです。「権利」という観点から，学校ガバナンス（意思決定過程のシステム）への保護者や地域住民の参加が目指されるようになりました。保護者や地域住民，子どもの代表が学校の運営に参加する国内外のさまざまな実践が紹介，検討されました。

審議会レベルでは，「開かれた学校」というキーワードは，まず，1987年に臨時教育審議会の第三次答申の中で登場します[*2]。そこでは，単に学校施設の地域社会への開放だけでなく，学校の管理・運営も「開かれた学校」にふさわしい在り方が模索されなければならないと述べられています。その後，1990年代に入り，学校参加論は連携・役割分担論として具体化されていきます。1996年の中央教育審議会答申「21世紀を展望した我が国の教育の在り方について」では，「学校スリム化」という文脈の中で，これからの学校は社会に対して「開かれた学校」となり，「家庭や地域社会とともに子供たちを育てていくという視点に立った学校運営」を心がけなければならないとされています。そしてそれは，「学校・家庭・地域社会の連携と適切な役割分担」を目指すものでした。

2　「自律的な学校経営」と学校評議員制度

そのような学校参加論に地域との連携・役割分担が加わった教育論と並行して，2000年前後の地方分権改革を背景に登場してくるのが，「自律的な学校経営」を目指す考え方です。それは新自由主義的な立場から，学校の責任を問うことを伴うものでした。1998年の中央教育審議会答申「今後の地方教育行政の在り方について」では，「各学校の自主性・自律性の確立と自らの責任と判断による創意工夫を凝らした特色ある学校づくりの実現」が目指され，「学校の自主性・自律性を確立するためには，それに対応した学校の運営体制と責任の明確化が必要」との考え方が打ち出されます。

あわせて，同答申では，公立学校は保護者や地域住民の信頼を確保していく必要があるとして，学校運営に地域住民の参画を求める「学校評議員制度」が

＊2　大崎功雄「学校をひらくとはどういうことか？　近年の諸答申にみる開かれた学校観」『北海道教育大学紀要教育科学編』57(1)，2006年，1～16頁。

提案され，2000年4月，学校教育法施行規則の改正により，学校評議員制度が始まりました。学校評議員は，校長の推薦により「職員以外の者で教育に関する理解及び識見を有する者」が選ばれ，校長の求めに応じて，学校運営に関し意見を述べることができます[*3]。

学校は，自律的な学校経営を行うことと引き換えに，アカウンタビリティ（説明責任）を求められるようになりました。2000年12月に発表された教育改革国民会議報告でも，「開かれた学校をつくり，説明責任を果たしていくこと」「外部評価を含む学校の評価制度を導入し，評価結果は親や地域と共有し，学校の改善につなげる」ことなどが提言されています[*4]。

しかし，「開かれた学校」の立場からすると，学校評議員制度は不十分なものでした。学校評議員の権限は，学校運営に関し意見を述べることができるのみで，しかも，評議員は校長の推薦によるもので，保護者が含まれるとも限りません。そこで，より積極的に，学校経営に地域や保護者が関わることができる制度が期待され，2004年に学校運営協議会（コミュニティ・スクール）が法制化されることとなりました[*5]。また，「評価制度の導入」という点についても，2007年に学校の自己評価の義務化という形でより強く法制化されるに至ります。

3　学校評価制度

コミュニティ・スクールについて見る前に，学校評価制度について先に見ておきましょう。2000年に教育改革国民会議で提言された学校の評価制度は，その後義務化に向けて整備が進みます。2005年の中教審答申「新しい時代の義務教育を創造する」では，学校評価ガイドラインの策定と自己評価の実施・結果公表の義務化が提案されます。2006年には同答申を受けて「義務教育諸学校に

＊3　学校教育法施行規則第49条で規定。

＊4　報告のなかでは，「新しいタイプの学校（“コミュニティ・スクール”等）」の設置の促進も提言されているが，この報告におけるコミュニティ・スクールは現在のものとは異なり，チャータースクールをイメージしたものである。

＊5　2006年には，教育基本法が改正され，「学校，家庭及び地域住民その他の関係者は，教育におけるそれぞれの役割と責任を自覚するとともに，相互の連携及び協力に努めるものとする」ことが第13条として加えられている。

おける学校評価ガイドライン」が策定されました。そして，2007年には学校教育法および学校教育法施行規則が改正され，①「自己評価」の実施とその結果の公表の義務，②「学校関係者評価」の実施と公表の努力義務，③「自己評価」及び「学校関係者評価」の設置者への報告義務が規定されます[*6]。「自己評価」とは各学校の教職員が行う評価で，「学校関係者評価」とは保護者や地域住民等の学校関係者等により構成された評価委員会等が行う評価です。

ガイドラインは2008年に「学校評価ガイドライン」として改訂されました。2008年のガイドラインでは，学校評価の実施手法を「自己評価」「学校関係者評価」「第三者評価」（学校と直接関係しない専門家等による評価）の３つの形態に整理し，これまで外部評価の一種とみなしてきた地域住民や保護者による評価を関係者評価とすることで，保護者を，学校を外部から評価・選択する存在ではなく，共に学校を創る存在として位置づけています。ガイドラインでは「学校評価を学校・家庭・地域間のコミュニケーション・ツールとして活用することにより，保護者・地域住民の学校運営への参画を促進し，共通理解に立ち家庭や地域に支えられる開かれた学校づくりを進めていくこと」が期待されるとも述べられています。なお，ガイドラインは，2010年と2016年に改訂されていますが，３つの評価の形態という大枠の変更はありません。

2　コミュニティ・スクール（学校運営協議会）とは

1　コミュニティ・スクールとは何か

前節のような学校評価の流れも含みこみながら，コミュニティ・スクールの制度化が進みます。まず，コミュニティ・スクールとは何か，法的な規定を見てみましょう。コミュニティ・スクールとは，学校運営協議会を設置している学校を指します。地方教育行政の組織及び運営に関する法律第47条の５にその詳細が定められています。2017年の改正により，教育委員会はその所管に属す

＊６　学校教育法第42条と学校教育法施行規則第66条～第68条で規定。

る学校に学校運営協議会を設置する努力義務が課されるようになりました。

学校運営協議会では，委員が一定の権限と責任を持って，学校の運営や必要な支援に関する協議を行います。学校運営協議会の委員は，教育委員会が任命します。委員には，①学校の所在する地域の住民，②児童生徒や幼児の保護者，③地域学校協働活動推進員[*7]その他の対象学校の運営に資する活動を行う者，④その他当該教育委員会が必要と認める者が任命されます。校長は，委員の任命について教育委員会に意見を申し出ることができます。

学校運営協議会の主な権限はつぎの3つです。①校長が作成する学校運営に関する基本的な方針を承認すること，②学校運営に関する事項について，教育委員会又は校長に対して意見を述べることができること，③学校の教職員の任用に関して，教育委員会規則で定める事項について，当該教職員の任命権者（都道府県教育委員会など[*8]）に意見を述べることができることです。なお，任命権者は，任用にあたって，先に述べられた意見を尊重しなければなりません。また，2017年の改正により，学校運営協議会での協議結果に関する情報を，保護者や地域住民などに積極的に提供することも努力義務となりました。

2　コミュニティ・スクールの実際

2018年4月1日現在，学校運営協議会を設置している学校数は5,432校となっています。全国の公立学校の14.7%で，設置が努力義務化したこともあり，今後さらに増えていくことが予想されます。では，実際にコミュニティ・スクールではどのようなことが行われるのでしょうか。

文部科学省のコミュニティ・スクールのパンフレット[*9]では，学校運営協議会を活用して「社会に開かれた教育課程」を共有していくイメージが例示されています。それをもとに，学校運営協議会の具体的な活動の流れを整理すると表

＊7　教育委員会の施策に協力して，地域と学校との情報共有や活動を行う地域住民等への助言などを行う。2017年3月の社会教育法の改正により，教育委員会が委嘱できるようになった。

＊8　県費負担教職員の場合は，市町村教育委員会を経由して意見を述べることとなっている。

＊9　文部科学省『コミュニティ・スクール2018』2018年。

表８-１　学校運営協議会の活動の流れ

①　学校運営の基本方針の共有 校長が示した学校運営の基本方針を承認する。 ②　「熟議」を通しての目標・ビジョンの共有 基本方針を具体的にどう実現していくか，「熟議」を実施し，関係者間で目標・ビジョンを共有する。(「この地域の子どもに必要な資質・能力」「学校の教育課程を通じてどのような地域貢献活動ができるのか」などを議論する。) ③　学校・家庭・地域の役割分担 目標のためにどのように地域や社会と連携・協働していくか，具体的な役割分担や調整を進める。 ④　アクションの共有 連絡・調整を行いつつ，地域と学校の協働活動を進める。 ⑤　評価機能を活用したPDCAサイクルの構築 それぞれの自己評価を踏まえ，学校運営協議会として取り組みを評価し，つぎの活動に生かす。

出所：文部科学省『コミュニティ・スクール2018』2018年，10頁より筆者作成。

８-１のようになります。

このなかで重要なのが，「熟議」という過程です。「熟議とは，多くの当事者による「熟慮」と「議論」を重ねながら課題解決を目指す対話[*10]」をさします。文部科学省では，2010年ごろから，教育政策の形成方法として目立って言及されるようになりました。多様な関係者が１つのテーブルにつくことがポイントです。文部科学省のウェブサイトでは，「熟議実践パッケージ」などの具体的な手順などを述べた資料も提供されています。

たとえば，鳥取県南部町の南部中学校では，当初停滞していた学校運営協議会の活動が「ビジョンづくりと交流会」をスタートすることによって活発になっていったといいます[*11]。指定当初，南部中学校では，学校側は，身近にコミュニティ・スクールの例もなく，具体的なイメージが持てなかったことから，何に取り組んでよいのか，戸惑いの状態が続いていました。しかし，２年後に転換期が訪れます。そのきっかけとなったのが，学校側と学校運営委員会側それぞれにおける目指す生徒像の話し合いと，その後行われた全教職員と全学校運営委員による交流会です。交流会を通して，次年度に向けてグランドデザイン

＊10　文部科学省，前掲書。
＊11　文部科学省『コミュニティ・スクール事例集』2016年。

の策定にとりかかり，学校像や生徒像，取り組みの重点などが共有されました。それにより，どのように関わるか具体的なプロセスも見えるようになり，役割分担を行うこと，学校評価を生かすこともできるようになりました。その後，交流会は学期に１回定期的に行われるようになり，生徒会やPTAの組織とも連動させるようになりました。生徒代表も含めて，目指す学校像が議論されています。

南部中学校の例では，交流会により，学校の中が見えるようになったことで，信頼関係づくりにつながっていったことも述べられています。

京都市の開晴小中学校（東山開晴館）でも，学校運営協議会で学校の課題の共有を進めることで，学校の味方が増えたといいます。京都市の教育委員会規則では委員に守秘義務が課されていたことから，学校運営協議会の場で，学校で生じるすべての事柄を共有したうえで，通学や制服，いじめや対教師暴力の問題などについて率直に議論することができ，地域や保護者に学校の立場を理解してもらえることにつながったとのことです[*12]。

文部科学省の委託研究として行われたコミュニティ・スクール675校の校長を対象とした全国調査（2011年実施）でも，多くの校長は成果として「学校と地域が情報を共有するようになった」こと（92.0%），「地域が学校に協力的になった」こと（87.7%）をあげています[*13]。佐藤晴雄はコミュニティ・スクールの成果は段階を追って表れてくるものであるとして，①情報共有・学校理解から，②地域が協力的になり，学校支援が活発化し，③地域の教育力が向上し苦情も減るという３段階の「成果発現プロセスモデル」を提示しています（図８-１）。

＊12　東山開晴館の元校長である初田幸隆氏に直接お話をうかがった。学校づくりの過程が書かれた著書『小中一貫校をつくる』（ミヤオビパブリッシング，2017年）も参照した。ここに記して感謝する。

＊13　佐藤晴雄『コミュニティ・スクール――「地域とともにある学校づくり」の実現のために』エイデル研究所，2016年。

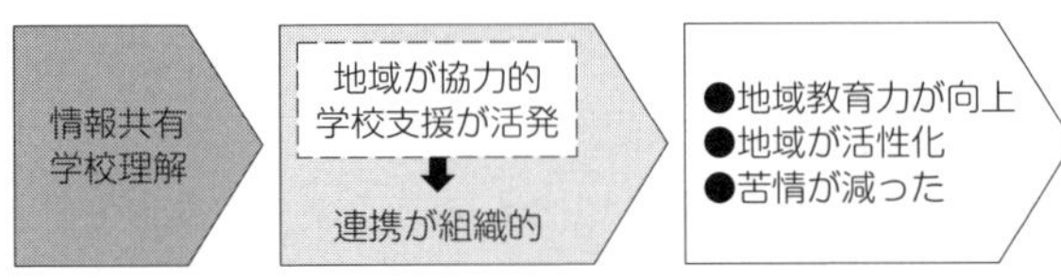

図８－１　コミュニティ・スクールの成果発現プロセスモデル

出所：佐藤晴雄『コミュニティ・スクール――「地域とともにある学校づくり」の実現のために』エイデル研究所，2016年，56頁より。

3 コミュニティ・スクールの特徴と今後の課題

1 学校支援型のコミュニティ・スクール

ここまで見てきたように，現在の日本のコミュニティ・スクールは，そもそも想定されていたような学校ガバナンスに強く関与していくものではなく，地域が学校と大筋の目標（基本方針）を共有したうえで，情報共有・学校理解の過程を経て，学校を支援していくものが多くなっています。さきの文部科学省のコミュニティ・スクールの活動の手順でも，基本方針の承認のあとに，熟議の過程がくることがポイントかもしれません。全国のコミュニティ・スクール指定校を対象とした2015年の調査（回答校数：1,531校）によれば，学校運営協議会で校長の作成した基本方針が承認されなかった学校はなく，93.5％が修正意見等がないまま承認されています。[*14]

このようなコミュニティ・スクールは，学校支援型と呼ばれています。文部科学省は，コミュニティ・スクールと，2008年度から開始された学校支援地域本部事業と一体的に推進させることを目指しており，コミュニティ・スクールが学校支援型となりやすい状況はますます強まっていると考えられます。図８－２の文部科学省のコミュニティ・スクールのパンフレットに載っている，コミュニティ・スクールのメリットを訴える漫画も，見事に学校支援型の取り組みとなっています。

＊14　佐藤，前掲書。

図8-2　漫画「コミュニティ・スクールで広がる可能性」

出所：文部科学省『コミュニティ・スクール2018』2018年，18頁より一部を転載。

漫画でも端的に示されているように，学校からすると，「支援」という形であればそのメリットは明らかです。しかし，学校ガバナンスに保護者や地域住民が関与するという意味では，学校支援型では十分ではないことが指摘されています。どうしても学校を支援するという形が固定化してしまうと，形式上は対等でも，実際には学校が優越し，保護者・地域住民が従属する関係が続く可能性が残るからです[*15]。岩永定は，ある時点で学校支援型から，両者が対等の関係で意見交換と合意形成を行う「参加・共同決定型コミュニティ・スクール」に進む必要があるとしています[*16]。

ただ一方で，本来，学校教育を改善することが大きな目的であるとするならば，必ずしも学校ガバナンスにこだわる必要はないのではないかという意見もあります。大林正史は，校長が学校課題を明確に認識し，課題に応じて学校運

＊15　岩永定「分権改革下におけるコミュニティ・スクールの特徴の変容」『日本教育行政学会年報』No. 37，2011年，38～54頁。

＊16　岩永，前掲書。

営協議会の役割を「評価や査定」ではなく「教員と地域住民・保護者との連携と協働」を促すこととして学校経営に位置付けることで，たとえ学校支援型という学校主導の形でも，場を設定し，共同での教育活動をとおして地域住民・保護者と教員間の社会的なネットワークを形成・充実させていくことができれば，学校を改善でき，意義があるとしています[*17]。

2　コミュニティ・スクールの今後の課題

学校支援型の教育活動を，学校教育の改善につながりうるものとしていくには，参加者の対等な関係と活発な対面的コミュニケーションが必要です[*18]。学校ガバナンスにどの程度関与するか，学校と地域住民・保護者のいずれが優位にあると考えるかという点を除けば，ここで指摘されている対等の関係で，対面で場を共有するという点は，岩永が目指すべきとする「参加・共同決定型コミュニティ・スクール」と大きくは変わりません。地域住民や保護者，教職員が「対等の関係」のもと共に学校を創っていくということは，「開かれた学校」の議論の当初からつねに求められてきたと言えるでしょう[*19]。

しかし，この「対等の関係」を築くことがそう簡単ではないことが，コミュニティ・スクールの難しさであると考えられます。仲田康一はある学校運営協議会における議事録の分析をとおして，議論の場に地域の社会関係が与える影響を明らかにしています。仲田は，協議会における地域委員・教員委員・保護者委員の発言数を各委員別に分析し，保護者委員の発言数が少なく，場合によっては一言も発することがない「無言委員」となっていることを指摘しました[*20]。

＊17　大林正史「学校運営協議会の導入による学校教育の改善過程――地域運営学校の小学校を事例として」『日本教育行政学会年報』No. 37，2011年 a，66～82頁。

＊18　大林（2011a）および大林（2011b）参照。大林正史「学校運営協議会における『共生的価値創出』」岡本智周・田中統治編著『共生と希望の教育学』筑波大学出版会，2011年 b，147～158頁。

＊19　文科省の学校評価ガイドラインにおいても一方的な評価関係はある程度否定されており，関係者評価はコミュニケーション・ツールとして活用する位置づけとなっている。なお，大林（2011b）は，PDCA サイクルのように評価を踏まえて，計画的に制御しようとすることが，その場その場での適切なリソースの結びつきを妨げてしまうという問題性も指摘している。

そして，そのような，とくに地域委員と比したときの保護者の劣位性は，学校を取り巻くミクロな地域の社会関係に影響されて決定している可能性を示唆しています。[*21] 学校運営協議会は，地域の社会関係を学校に持ち込み，学校をコンフリクトの場とすることも意味しています。

仲田はまた，コミュニティ・スクールにおいて「責任論のコミュニティへの封じ込め」，つまり「学校の成果に対する責任論を学校・地域内に遮蔽」する現象が起こっていることも指摘しています。[*22] 今後もし，学校で「対等の関係」が形成されるとしても，学校への分権が進む以上，自律の促進と同時に自己責任論は台頭すると考えられます。しかし，実は，学校支援が必要である背景には，行政による条件整備の不足という問題があります。地方分権による地域の個性の創出は，自己責任論による地域間の格差の創出でもあります。[*23]

その意味で，学校と家庭・地域の連携のない状態をプラスに評価してもよいかもしれないという広田照幸の指摘は興味深いものです。広田は，連携論の落とし穴は家庭の多様性が見落とされていることであり，一体になって強制力が行使され，子どもの環境を均質な価値が取り巻くようになることを懸念しています。[*24] また，勝野正章も「協調主義的な組織文化（一体感，連携，チームワークなど）」の強調が，しばしば教員間に「作られた同僚性」を生み出してしまう可能性について指摘しています。[*25]

＊20　仲田康一「学校運営協議会における「無言委員」の所在――学校参加と学校をめぐるミクロ社会関係」『日本教育経営学会紀要』第52号，2010年，96～110頁。

＊21　たとえば，地域委員は地域の有力者の年配の男性であり，保護者委員は30代から40代の女性が多く，慣習的に意思決定段階に女性が関わらない傾向が見られており，そのような町内会の関係と学校での関係が並行していたという。また，保護者は多様であるため意見を代表者（PTA の代表など）が一元化して発言するのが難しい（地域委員は比較的個人として発言することが許容されている）ことも指摘されている。

＊22　仲田康一『コミュニティ・スクールのポリティクス――学校運営協議会における保護者の位置』勁草書房，2015年。

＊23　大桃敏行「地方分権の推進と公教育概念の変容」『教育学研究』第67巻第３号，2000年，23～33頁。

＊24　広田照幸『教育には何ができないか』春秋社，2003年。

＊25　勝野正章「学校ガバナンスにおける『主体』としての教師」『日本教育行政学会年報』No. 34, 2008年，234～237頁。A. ハーグリーブスは，階層的な管理システムのもとトップダウンで強制的につくられた同僚性を「作られた同僚性」（contrived collegiality）と呼んでいる。そこでは，専門職として教師の主体性と自由裁量は制限され，協働の過程が細かく管理される。

今後，コミュニティ・スクールが全国的になっていく中で，地域の社会関係の影響，地域間の資源の格差，強制的な連携などが持つ課題は，より明確に表れてくるかもしれません。コミュニティ・スクールの意義や可能性と同時に課題もふまえつつ，学校と地域の在り方を考えていくことが必要でしょう。

まとめ

本章ではまず，「開かれた学校」と「自律的な学校経営」という考え方についてふれました。「開かれた学校」論は，学校参加論から次第に連携・役割分担論として具体化されていき，それと並行して，地方分権改革の中で，説明責任を伴う「自律的な学校経営」論が台頭し，双方が混在する形で，コミュニティ・スクールの制度が確立していきました。現在，コミュニティ・スクールには，結果的に学校支援型と呼ばれるタイプのものが多く，一定の成果をあげています。より効果的な制度とするには，学校支援型にせよ，参加・共同決定型を目指すにせよ，「対等の関係」を築くことが重要です。しかし，それは容易なことではなく，また，そもそも地域と学校が連携をすべきなのかということについても，複数の意見が存在します。意義と課題の双方に目を向けつつ考え，どのような在り方が可能か，試行錯誤することが大切です。

さらに学びたい人のために

○佐藤晴雄『コミュニティ・スクール――「地域とともにある学校づくり」の実現のために』エイデル研究所，2016年。

文部科学省委託の全国調査データをもとに，コミュニティ・スクールの実態と成果・課題について明らかにしています。制度を学校で実施していくうえで生じそうな疑問に答えたQ&Aもあり，具体的に何をすべきかがよくわかります。

○仲田康一『コミュニティ・スクールのポリティクス――学校運営協議会における保護者の位置』勁草書房，2015年。

学校運営協議会におけるアクター間の葛藤の実際を明らかにしています。保護者委員の劣位性とそのメカニズム，その結果，学校支援型の活動が保護者の啓蒙・問責に至る様子が描かれていて，課題を考えるうえで欠かせない文献です。別様のコミュニティ・スクールの在り方（保護者支援型）も提案されています。

○武井哲郎『「開かれた学校」の功罪――ボランティアの参入と子どもの排除／包摂』明石書店，2017年。

「開かれた学校」が何をもたらすかを，保護者や地域住民の学校ガバナンスへの参加ではなく，教育活動への参加（ボランティア）という観点から考察し，各アクターが異質な価値をぶつけあう形での協働の重要性を指摘しています。

第9章

子どもの生活をふまえた学校と家庭の連携

学びのポイント

- 学校と家庭との連携が，なぜいま求められているのかについて理解する。
- 家庭の世帯構造や保護者の就労状況の変化について理解する。
- 子どもの家庭や学外での過ごし方や，生活時間に見られる近年の変化を理解する。
- 家庭との連携で重視すべき点や配慮すべきことについて考える。

WORK　子どもの生活時間

家庭生活を把握するための１つの手法として，個々人が１日24時間をどのように使って生活しているかという「生活時間」に着目することがあります。子どもたちの生活にも，学校で過ごす時間のほか，睡眠や食事，家庭で宿題をしたり塾に通ったりする時間や，テレビを見たり，ゲームをするなどの時間もあります。

①　自分が小学生だったとき，中学生だったときの，１日の時間の流れを思い出してみましょう。どのような活動にどのくらいの時間を割いていたでしょうか。

②　いまの子どもたちの生活時間を思い浮かべてみましょう。身近に話を聞ける方がいたら，１日の過ごし方を聞いてみましょう。

③　学校での生活は，子どもの生活の一部でしかありません。教師にとって，それ以外の生活の様子を理解することは，どのような意味があると思いますか。

● 導　入 ● ● ● ● ● ● ●

今日，学校教育を進めるうえで，家庭との連携が強く求められています。しかし各家庭がどのような状況にあるかを知らなくては良好な関係を築くことはできません。学校での子どもの姿の背後には，彼らが過ごす家庭での生活があります。そこで本章では，まず家庭での生活を規定する世帯構造や保護者の就労状況を確認し，次に各種の調査結果に基づいて放課後の子どもの過ごし方を見ていきます。最後に，WORK で紹介した生活時間に着目して，学校生活と家庭生活の双方を含めた子どもの生活全体の編成のされ方を概観し，子どもの生活をふまえて学校と家庭が連携していくうえでのポイントを示します。

● ● ● ● ● ● ●

1　学校と家庭の連携が求められる背景

さまざまな教育課題が指摘される中で，学校は家庭や地域社会と連携を図ることでその目的を達成することが求められています。2017年に改訂された小学校と中学校の学習指導要領には，このことが各所に明記されています。

たとえば，小学校学習指導要領では，総則の第１「小学校教育の基本と教育課程の役割」に，学校の教育活動を進めるにあたり，「児童の発達の段階を考慮して，児童の言語活動など，学習の基盤をつくる活動を充実するとともに，家庭との連携を図りながら，児童の学習習慣が確立するよう配慮すること」と示されています。また，同項には「家庭や地域社会との連携を図りながら，日常生活において適切な体育・健康に関する活動の実践を促し，生涯を通じて健康・安全で活力ある生活を送るための基礎が培われるよう配慮すること」とも記されています。

さらに，第５「学校運営上の留意事項」では，「家庭や地域社会との連携及び協働と学校間の連携」の項において，教育課程の編成及び実施に当たって配慮すべき事項として，以下のとおり記載されています。

> 学校がその目的を達成するため，学校や地域の実態等に応じ，教育活動の実施に必要な人的又は物的な体制を家庭や地域の人々の協力を得ながら整えるなど，家庭や地域社会との連携及び協働を深めること。また，高齢者や異年齢の子供など，地域における世代を越えた交流の機会を設けること。

なお，上記の文章は，現在の教育課題に対処するために，学校が家庭や地域に協力を求めるという書き方になっていますが，この点に関する小学校学習指導要領の解説には，「家庭や地域社会における児童の生活の在り方が学校教育にも大きな影響を与えていることを考慮」することの大切さも指摘されています。連携や協働において必要なのは相互の理解であり，それなくしてお互いが近づけば，葛藤や軋轢が生じることもあります。そこで以下では，家庭生活のいくつかの側面について，その特徴を見ていきたいと思います。最初に子どもが一緒に暮らす家族の成員やきょうだいの有無などの世帯構造の特徴と保護者の就労状況を見ていきましょう。

2　いまの子どもたちの家庭の状況

1　子どものいる世帯の比率の減少と一人っ子世帯の比率の増加

厚生労働省が毎年実施している国民生活基礎調査では，全国の世帯の世帯構造が明らかにされています[＊1]。表９－１のとおり，1986年には18歳未満の子どものいる世帯は全体の46.2％を占めていましたが，その後，子どものいる世帯は急減し，2019年には21.7％になっています。また，子どものいる世帯のうち，一人っ子の世帯は1986年と比べて10％以上増えており，2019年には46.8％を占めています。さらに2019年を見ていくと，子どものいる世帯の82.5％は核家族であり，三世代世帯は13.3％にすぎません。なお，ひとり親と子どもだけの世帯が6.5％を占めています。これは40人学級の場合，平均2.6人がひとり親世帯

＊1　厚生労働省の調査では，18歳未満の子どもを「児童」と表記するが，ここでは，18歳未満の子どもと記載している。

表９－１　18歳未満の子どものいる世帯の数と割合，各世帯の子ども数別，世帯構造別の割合：1986年と2019年の比較

	18歳未満の子どものいる世帯		各世帯の18歳未満の子ども数別の割合（%）			世帯構造別の割合（%）				
		全世帯に占める割合（%）	１人	２人	３人以上	核家族世帯			３世代世帯	その他の世帯
							夫婦と未婚の子のみの世帯	ひとり親と未婚の子のみの世帯		
1986	17,364千世帯	(46.2)	35.2	48.3	16.6	69.6	65.4	4.2	27.0	3.4
2019	11,221千世帯	(21.7)	46.8	40.3	12.9	82.5	76.0	6.5	13.3	4.3

注：「その他の世帯」には「単独世帯」を含む。
出所：「2019年国民生活基礎調査の概況」の表５「児童数別，世帯構造別児童のいる世帯数及び平均児童数の年次推移」をもとに作成。

で暮らす子どもであることを意味します。

テレビアニメの「サザエさん」や「ちびまる子ちゃん」の家では，子どもたちは両親や祖父母と一緒に暮らしています。そして，カツオやまる子にはきょうだいがいます。しかし，現在，そうした家庭はけっして多くありません。子どもがいる世帯そのものが少なく，さらに子どもたちが暮らす家族の構成は以前よりも小規模になっています。

2　専業主婦世帯の減少

次に保護者の就労状況の変化を見てみましょう。図９－１は，1980年から2019年までの専業主婦世帯と共働き世帯の推移です。世帯全体で見た場合，1980年以降，共働き世帯は年々増加し，1997年以降は共働き世帯数が専業主婦世帯の数を上回り，近年，その差が急速に開いてきています。

こうした変化は，子どものいる世帯にも大きな変化をもたらしています。表９－２は，一番下の子ども（末子）が18歳未満の世帯における母親の就業状況を，末子の年齢別に見たものです。それによれば，末子が18歳未満の世帯全体では，母親が何らかの仕事をしている世帯は72.4％を占めています。また，正規の職員・従業員の母親の割合は，子どもがどの年齢であっても２割強から３割を占め，全体では26.1％を占めています。

これに対して，パートなどの非正規雇用職に就いている母親の割合は，末子

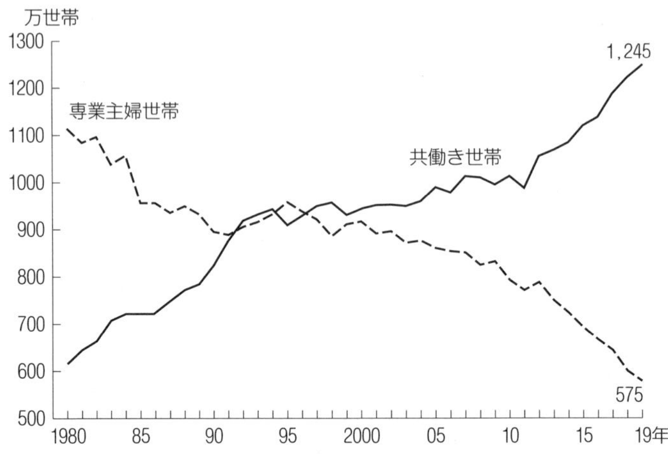

図 9－1　専業主婦世帯と共働き世帯の推移（1980年～2019年）

出所：日本労働政策研究・研修機構「早わかり　グラフでみる長期労働統計」のサイトより。　https://www.jil.go.jp/kokunai/statistics/timeseries/html/g0212.html（2021年 7 月20日閲覧）

表 9－2　末子の年齢別に見た母の仕事の状況

(%)

末子の年齢	正規の職員・従業員	非正規の職員・従業員	その他	仕事なし	合計(単位：千世帯)
0	33.5	11.0	5.3	50.1	100(779)
1	33.2	19.3	6.0	41.6	100(787)
2	28.8	27.7	6.5	37.0	100(722)
3	27.8	30.5	7.7	34.1	100(622)
4	27.7	34.0	8.8	29.4	100(639)
5	23.5	38.1	9.0	29.4	100(591)
6	25.0	39.9	8.1	27.0	100(596)
7	22.8	44.2	9.1	23.9	100(1110)
9～11	23.0	46.2	10.0	20.9	100(1676)
12～14	24.3	46.0	9.5	20.2	100(1671)
15～17	25.6	46.0	9.2	19.3	100(1638)
全体	26.1	37.8	8.5	27.6	100(10872)

出所：2019年国民生活基礎調査，第 4 表「末子の年齢階級別にみた母の仕事の状況」より作成（同表では「年齢階級」となっているが，ここでは「年齢」と表記）。

が0歳では1割程度で，子どもの年齢が上がるにつれて増えていきます。そして，末子が6歳になると4割の母親が非正規の仕事に就くようになります。つまり，一番下の子どもが小学校に就学することがパートタイムの仕事などに就くきっかけになっていることがうかがえます。なお，「仕事なし」という専業主婦の母親は末子が6歳で27.0%にすぎません。末子が小学校に入学する世帯の7割以上は，母親は何らかの仕事に就いているということになります。

3　放課後児童クラブ（学童保育）の利用の増加

共働き家庭の増加に伴って，とくに小学校低学年の子どもの多くは放課後に放課後児童クラブ（学童保育）に通うようになっています[*2]。1997年の児童福祉法改正により法定化された放課後児童クラブは，年々増加傾向にあり，2019年5月の登録児童数は約130万人に達しました（図9－2）。調査が開始された2000年の登録児童数は約40万人であり，20年足らずの間に3倍以上増加したことがわかります。

また，午後6時までに終わる放課後児童クラブは全体の20.8%にすぎず，残りの約8割は午後6時を超えても開所しています[*3]。子どもたちの中には，自宅に帰宅するのが午後6時半か午後7時頃，またはそれより遅くなる子がいることがわかります。

なお，表9－3は，放課後児童クラブの登録児童数と，学年ごとの全児童数に占める割合を示した資料です。これを見ると放課後児童クラブの登録者数が多いのは低学年で，1年生では約4割の子どもが登録していますが，多くの子どもは小学校4年生ないし5年生までで登録を抹消しています。

＊2　厚生労働省によれば，放課後児童クラブは，小学校の余裕教室や児童館などで，小学校に就学している共働き家庭等の児童に放課後等の適切な遊びや生活の場を提供する安全・安心な居場所と説明されている。

＊3　「令和元年（2019年）放課後児童健全育成事業（放課後児童クラブ）の実施状況（令和元年（2019年）5月1日現在）」厚生労働省，2019年12月25日プレスリリース。

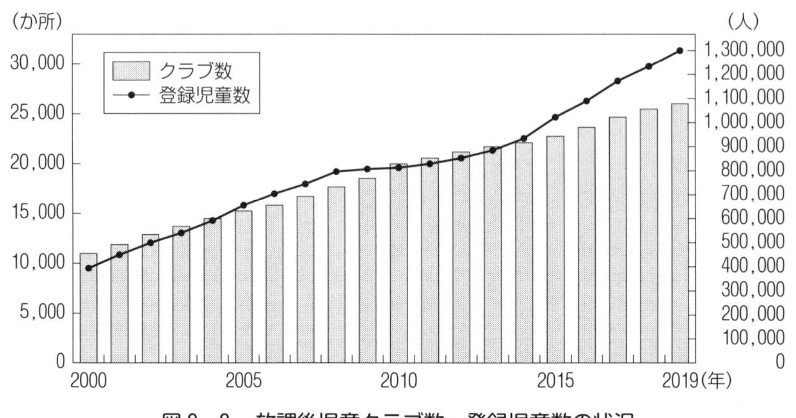

図9－2　放課後児童クラブ数，登録児童数の状況

出所：厚生労働省「令和元年（2019年）放課後児童健全育成事業（放課後児童クラブ）の実施状況（令和元年（2019年）5月1日現在)」2019年，中のグラフを筆者一部改変。

表9－3　学年別の放課後児童クラブ登録児童数と全児童数に占める割合（2019年）

	放課後児童クラブ登録児童数（人）	各学年の全児童数（人）	登録児童の割合（%）
1年生	402,824	1,028,675	39.2
2年生	359,028	1,043,610	34.4
3年生	281,954	1,062,235	26.5
4年生	149,286	1,064,374	14.0
5年生	70,601	1,080,561	6.5
6年生	35,614	1,089,095	3.3

出所：厚生労働省「令和元年（2019年）放課後児童健全育成事業（放課後児童クラブ）の実施状況（令和元年（2019年）5月1日現在)」と，令和元年度学校基本調査より作成。

4　習い事や塾通い

子どもたちの多くは，放課後や週末に習い事や塾に通っています。文部科学省は，学校外で何らかの学習活動に取り組んでいる子どもの実態を調査するために，2007年に約5万3,000人の小・中学生と約6万8,000人の保護者を対象に大規模な調査を行いました。図9－3は，学習形態別の割合を示しています。

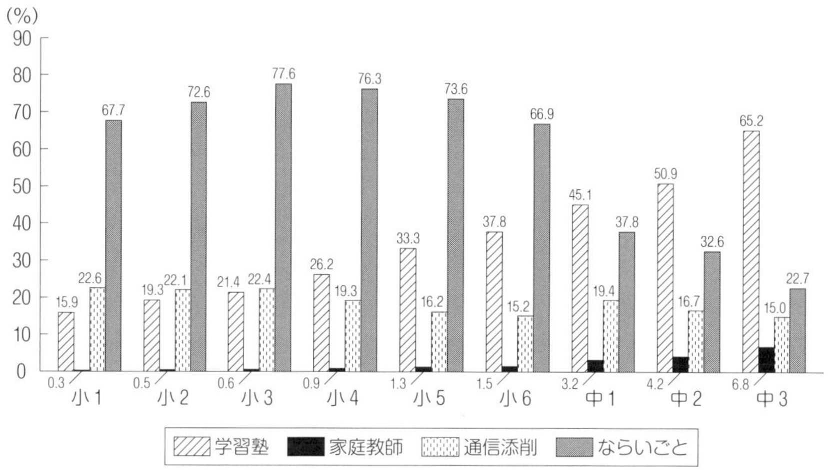

図9－3　学年別の学校外での学習活動（形態別）

出所：文部科学省「子どもの学校外での学習活動に関する実態調査報告」2008年。

それによれば，小学生はどの学年でも，７割程度の高い割合で習い事をしていることがわかります。中学生になると割合は大幅に減りますが，中１，中２でも３割を超える子どもが習い事をしています。また，学習塾に通う者は，小４では30％未満ですが，小５から増加し始め，中１で45％，中２で50％，中３になると65％を占めています。

次に，習い事の種類を見ていきましょう。図９－４は，習い事の種類とその割合を小学校低学年，高学年，中学生に分けて示しています。これによれば，学年を問わず20％以上の者が，「習字」や「ピアノ」を習っていることがわかります。水泳は小学校低学年では41％と多くの者が通っていますが，学年が上がるにつれて減少していきます。また，外国語会話やサッカーも小学生に多く，中学生になると割合が減少します。なお，図には示していませんが，ピアノは男女差が大きく，女子だけで見ると，学年を通じて全体の45.7％の者が習っていました。

ただし，近年，習い事への保護者の関心には変化が見られます。ベネッセ教育総合研究所は，子どもの学校外教育活動の実態と母親の教育に関する意識について2009年，2013年，2017年の３回にわたって，インターネット調査を行っ

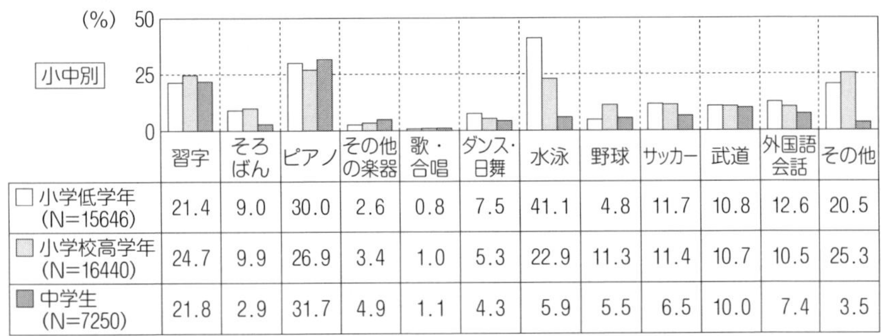

	習字	そろばん	ピアノ	その他の楽器	歌・合唱	ダンス・日舞	水泳	野球	サッカー	武道	外国語会話	その他
□小学低学年（N=15646）	21.4	9.0	30.0	2.6	0.8	7.5	41.1	4.8	11.7	10.8	12.6	20.5
□小学校高学年（N=16440）	24.7	9.9	26.9	3.4	1.0	5.3	22.9	11.3	11.4	10.7	10.5	25.3
■中学生（N=7250）	21.8	2.9	31.7	4.9	1.1	4.3	5.9	5.5	6.5	10.0	7.4	3.5

図9-4　習い事の種類と習っている子どもの割合（小中別）

出所：文部科学省2008「子どもの学校外での学習活動に関する実態調査報告」。

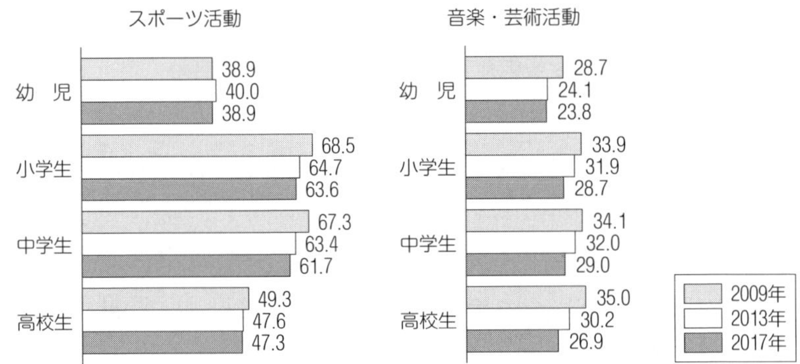

図9-5　スポーツ活動，音楽，芸術活動に関連する習い事に取り組む子どもの割合の推移（2009年・2013年・2017年）

出所：ベネッセ教育総合研究所「学校外教育活動に関する調査――幼児から高校生のいる家庭を対象に」2017年。

ています。図9-5は，その調査結果のうち，小学生，中学生に加えて，幼児や高校生も含め，調査した年度にスポーツ活動，音楽，芸術活動に関連する習い事に取り組んだ者の割合を表したものです[*4]。ここからは，スポーツや芸術活動に関連する習い事に取り組む者が，近年やや減少傾向にあることを読み取る

＊4　質問は，スポーツ活動は「この1年間で，お子様が定期的にしていた運動やスポーツはありますか（ありましたか）」，芸術活動は「この1年間で，お子様が定期的にしていた音楽活動や芸術活動はありますか（ありましたか）」。

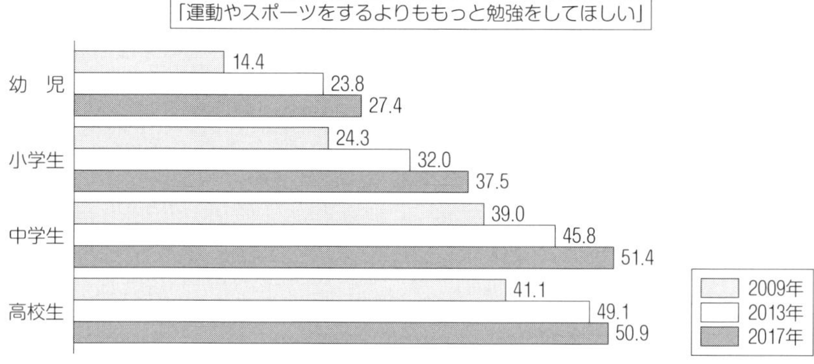

図9-6　スポーツと学習活動に関する保護者の考えの変化（2009年・2013年・2017年）

出所：図9-5と同じ。

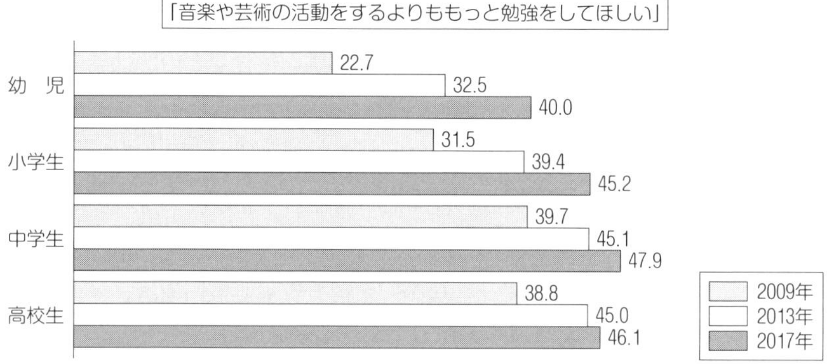

図9-7　芸術活動と学習活動に関する保護者の考えの変化（2009年・2013年・2017年）

出所：図9-5と同じ。

ことができます。

さらにこの調査では，保護者に，運動やスポーツ，音楽や芸術にかかわる活動と勉強のどちらをより重視するかをあわせて尋ねています。具体的には3回の調査で，「運動やスポーツをするよりももっと勉強をしてほしい」「音楽や芸術の活動をするよりももっと勉強をしてほしい」と回答した保護者の割合は，回を追うごとに増加傾向にあります（図9-6，図9-7）。なお，これらの調査が実施された時期は，2008年の学習指導要領の改訂により，それまでの個性重視のゆとり教育と言われていた時期から，学力重視の教育課程へと方針転換があった時期にあたります。多くの学校が学力向上を目標に掲げるようになる中で，保護者の関心も学力を重視するようになってきたと考えることもできるでしょう。

5　一日の生活時間の変化

これまで見てきたように子どもと家庭を取り巻く環境は，この20年から30年の間でさまざまな変化が見られます。それでは，これらの変化を，日々の生活を送るうえでの時間の使い方という生活時間の観点から見ると，どのような特徴が浮かび上がってくるでしょうか。この点に関する詳細なデータとして，総務省が5年ごとに実施している社会生活基本調査があります。この調査では，対象者の1日の行動を，睡眠，食事，仕事，家事，休養などの20種類の活動に分類し，時間帯別の行動状況（同時に2種類以上の行動をした場合は，主なもの1つ）を調査しています。最新のデータは2016年の結果で，この年の10月の連続する2日間の生活時間を調査した結果が集計されています。なお，調査対象は10歳以上のため，小学生は5年生，6年生のみになっています。

これをもとに1996年，2006年，2016年の子どもの睡眠時間の変化を示したのが表9－4です。それによれば，睡眠はどの学校段階においても若干減少しているものの，それほど大きな変化はなく，小学5・6年生でおおよそ9時間，中学生で8時間，高校生で7時間半であることがわかります。

また，この調査では，学校の授業やそれに関連して行う学外の学習活動を併せて学業として時間を計測しています（表9－5）。1996年と2016年を比べると，学業の時間は小学生で34分，中学生で41分，高校生で32分増加しました。ただし，変化が著しいのは2006年から2016年の10年間であることもわかります。これは2000年代に入って学力向上が叫ばれるようになり，2008年の学習指導要領改訂により授業時数が増えたことが関係していると考えられます。

また，社会生活基本調査では，1日の生活がどのように編成されているかの全体的な特徴を把握するために，時間帯ごとに調査した20種類の行動を，「1

表9－4　睡眠時間の経年変化（学校段階別）

	1996	2006	2016
小学生（5・6年）	9時間3分	9時間1分	8時間56分
中学生	8時間11分	8時間8分	8時間5分
高校生	7時間43分	7時間31分	7時間33分

出所：総務省「社会生活基本調査」より作成。

表9－5　学業の時間の経年変化（学校段階別）

	1996	2006	2016
小学生（5・6年）	4時間40分	4時間41分	5時間14分
中学生	6時間29分	6時間35分	7時間10分
高校生	6時間23分	6時間27分	6時間55分

出所：総務省「社会生活基本調査」より作成。

表9－6　各行動区分の生活時間の経年変化

	行動の種類	1996	2006	2016	1996年と2016年の差
小学生（5・6年）	1次活動	11時間36分	11時間40分	11時間40分	＋4分
	2次活動	5時間34分	5時間29分	6時間03分	＋29分
	3次活動	6時間50分	6時間51分	6時間18分	－32分
中学生	1次活動	10時間38分	10時間39分	10時間39分	＋1分
	2次活動	6時間28分	6時間25分	7時間01分	＋33分
	3次活動	6時間54分	6時間56分	6時間20分	－34分
高校生	1次活動	10時間10分	10時間04分	10時間08分	－2分
	2次活動	7時間02分	7時間06分	7時間33分	＋31分
	3次活動	6時間48分	6時間50分	6時間19分	－29分

出所：総務省「社会生活基本調査」より作成。

次活動」（睡眠，食事など生理的に必要な活動），「2次活動」（仕事，家事など社会生活を営むうえで義務的な性格の強い活動），「3次活動」（それ以外の活動で各人の自由時間における活動）の3つに区分しています。

この3区分の活動のそれぞれに割かれた時間を，学校段階別，年代別に示したものが表9－6です。その結果を見ると，1996年から2016年までの20年間で，1次活動はほとんど変化がないのに対し，2次活動がいずれの学校段階でも30

分程度増え，反対に3次活動が30分程度減ったことがわかります。2次活動の増加の多くは，上述の学業の時間の増加によるものです。そして，その増加分は，3次活動の減少に結びついたことがわかります。つまり，それだけ子どもたちの自由な時間が減ったことになります。

3　子どもの生活実態をふまえた家庭との連携の必要性

子どもが暮らす家族の構成や学校外での生活を20年から30年のスパンで見ていくと，さまざまな点で変化していることがわかります。今では一人っ子の世帯が半数近くに達しており，共働きの家庭も大幅に増えています。学童保育に通う小学校低学年の子どもは，20年足らずの間に3倍以上増加し，約130万人に達しています。また，その一方で習い事をしている子どもも多く，学習塾に通う子どもは小学校高学年から増加しています。習い事に関する保護者の意識として，スポーツや芸術活動をするよりも勉強をしてほしいという意識の高まりも見逃せない変化です。さらに，時間の視点で見ると，学力の向上が重視されるようになり，2008年の学習指導要領改訂で授業時数が増加し始めた時点から子どもの生活に占める学業のウエイトが高くなり，反対に自由時間の減少が浮かび上がってきました。これらのさまざまな変化が，総体としていまの子どもの生活や彼らが過ごす家庭に影響を及ぼしています。

冒頭で述べたように，近年，多様な子どもの課題に対応するために学校は家庭との連携が求められています。しかしながら，その名目のもとに家庭への要求が過剰になっていくと，その要求を受け止めきれない家庭が生じることが容易に予想されます。今日では，家庭との連携は，保護者が就労していることや，子どもの生活にゆとりが少なくなっていることを前提とする必要があります。PTA 活動のあり方も，こうした家庭の変化をふまえた運営の仕方を検討する必要があるでしょう。また，勉強に対する保護者のニーズは高まっていますが，家庭学習の充実を図ろうとして家庭の協力を得ようとする際には，保護者の就労状況に配慮することも必要となるでしょう。たとえば，小学校低学年では，学童保育に通っていることを前提とした生活の中で，家庭学習の在り方を考えなければならなくなっています。このように，子どもの家庭での生活を把握することは，日々の学校教育を円滑に進めるうえでもきわめて重要であると言えます。

まとめ

本章では，今日学校と家庭との連携が強く求められていることをふまえ，近年家庭生活がどのように変化してきているのかをさまざまな調査データをもとに見てきました。現代の家庭は20年前，30年前とはかなり状況が違います。世帯全体の中で子どものいる世帯は２割程度であり，また，子どものいる家庭の多くは小規模になっています。さらに，現代の家庭では共働き世帯が一般的となっており，放課後児童クラブの利用が増えています。また，子どもたちの多くは習い事や塾に通っていますが，2008年の学習指導要領の改訂の頃から，保護者の関心は学力重視に向かってきています。子どもたちの生活時間を見ても学業に費やす時間が増加しており，その分自由な時間が減っています。

さらに学びたい人のために

○少子化社会対策白書（平成16年版より毎年刊行）https://www8.cao.go.jp/shoushi/shoushika/whitepaper/index.html

少子化社会対策白書は，少子化社会対策基本法に規定する「少子化の状況及び少子化に対処するために講じた施策の概況に関する報告書」であり，政府が毎年国会に提出しているものです。各年の少子化対策の現状と具体的な実施状況のほかに，少子化及び人口問題に関する国際会議の報告や各国の少子化対策なども紹介されています。なお，本書は内閣府のサイトからダウンロードできます。

○岩間暁子・大和礼子・田間泰子『問いからはじめる家族社会学――多様化する家族の包摂に向けて』有斐閣，2015年。

多様化が進む現代の家族の様相をさまざまな角度から解説した家族社会学の入門テキスト。第３章では貧困状態にある家族の問題や家族と福祉の関係について論じられています。また，第６章「妊娠・出産・子育て」では，少子化が進む日本で子どもを持つということがどういう経験なのかに関する説明や，子育て支援の重要性が指摘されています。学校が連携しようとする家族の今日的な姿を理解するうえで参考になります。

○赤石千衣子『ひとり親家庭』岩波書店，2014年。

40人学級のうち，平均2.6人がひとり親家庭で暮らす子どもであることを考えれば，教員になるためには，そうした家庭の生活の理解は不可欠です。本書は，ひとり親の実態を数字と事例で紹介したうえで，多様なひとり親世帯の実態に迫っています。また，ひとり親世帯の子どものおかれた現状についても報告され，最後にひとり親に対して求められる支援のあり方が考察されています。

第10章

子どもの貧困と虐待

——福祉と教育の連携——

学びのポイント

- 社会経済的に困難な状況にある家庭で暮らす子どもについて理解する。
- 児童虐待が発生する背景やプロセスについて学び，子どもの家庭環境に目を向けることの重要性を理解する。
- 学校や教師に期待される役割について理解し，福祉と教育の連携の必要性について理解する。

WORK　学校生活でかかる費用

以下の表は，小学校に子どもが持っていく一般的な持ち物の一覧です。いずれも学校生活を送るために必要なものであり，各家庭で準備することが求められます。

持ち物にかかる費用

品目	費用
ランドセル	30,000円～100,000円
上履き	1,800円
筆箱・名入れ鉛筆（黒１ダース）	1,700円（1,000円＋700円）
連絡帳	110円
トレーニングシャツ・パンツ（運動着）	6,100円（3,100円＋3,000円）
紅白帽子	420円
スクール水着・水泳帽子	2,700円（2,000円＋700円）
給食着・帽子・マスク・袋	1,735円（1,210円＋240円＋200円＋85円）
歯ブラシ・コップ・巾着袋	1,000円（200円＋500円＋300円）
鍵盤ハーモニカ	5,000円
道具箱・クレパス・はさみ・のり	3,550円（2,500円＋520円＋390円＋140円）
折りたたみ傘 / 普通の傘	1,500円 /1,000円

注：出典元では入学年度にかかる費用として合計133,485円が計上されている。
出所：窪田弘子「小学校１年生：通学リュックから学校文集まで，合計13万3485円」子どもの貧困白書編集委員会編『子どもの貧困白書』明石書店，2009年，156～158頁をもとに抜粋および加筆修正。

1．個人で考えてみよう

小学校の学級担任をしていると想定してください。あなたのクラスに，体育の授業がある日は，毎回「忘れた」と言って，体操着を持ってこない児童がいます。なぜその児童は持ってこないと思いますか（原因）。そしてその児童に対してどのような指導をしたらよいと思いますか（対応）。

2．グループで話し合ってみよう

1．で考えたことをもとに，教師が児童（あるいは保護者）に関わる際，どのようなことに配慮すべきかグループで話し合ってみましょう。

●導　入●●●●●●●

貧困は経済的な困難を示すことばですが，お金がないことは食事や住居，衣服あるいは学習や運動，友人関係，進路などさまざまな側面に影響を及ぼします。当たり前のことですが，子どもが貧困状態にあるということは，その保護者も貧困状態にあるということです。貧困はさまざまな問題を引き起こしますが，保護者による児童虐待の発生要因の１つとしても指摘されるようになりました。本章では，貧困の考え方について理解し，学校現場で貧困がどのように表れうるのかについて考えていきたいと思います。また学校はすべての子どもが在籍する機関であるという観点から，今後，どのような支援や連携の体制が望まれるのかを検討していきましょう。

●●●●●●●●

1　子どもの貧困と教師の対応

1　貧困の考え方

貧困とは，「貧困のただ中にある人びとの状態を問題視することを通して，少なくともそのような状態が除去されないと，社会自体が成り立っていかない，ということを判断したもの[*1]」であり，解決していかなくてはならない社会問題です。すべての人に「健康で文化的な最低限度の生活[*2]」が保障されていなければならず，またそれは社会全体にとっても必要なことです。

貧困には，絶対的貧困と相対的貧困という２つの考え方があります。絶対的貧困とは，「生存のための最低生活費を下回る収入や生活費の状態[*3]」のことです。生存のためであるので，１日に必要な食料の最小限度の費用から算出するという考え方をもとにしており，社会的文脈を問わない最低水準の状態を指し

＊1　岩田正美「貧困・社会的排除と福祉社会」岩田正美・西澤晃彦（編）『貧困と社会的排除――福祉社会を蝕むもの』ミネルヴァ書房，2005年，１～12頁。

＊2　日本国憲法第25条では，生存権を保障している。その理念に基づいて，国民は生活保護を受ける権利がある。

＊3　岩田正美『現代の貧困――ワーキングプア／ホームレス／生活保護』ちくま新書，2007年。

ます。

これに対して，「相対的貧困」とは，（当該の）社会の一員として生きていくための最低限の生活費を境界とする状態[*4]を指します。現在の私たちの生活に即して考えるならば，最低限の食料があれば十分ということはなく，家賃や水道光熱費，医療費が必要です。また，夏ならば何枚かの半袖，冬ならば長袖やコートも必要でしょう。さらに人と交流したり仕事をしたりするには，何らかの通信手段も欠かせません。OECD（経済開発協力機構）はこの「相対的貧困」の概念をもとに先進国の貧困率を算出しており，日本もその作成基準に基づいています。本章においても，「貧困」ということばは「相対的貧困」を指して使用します。

それでは，この相対的貧困に該当する子どもたちは日本にはどのくらいいるでしょうか。2019年国民生活基礎調査によれば，相対的貧困の水準（貧困線）以下の世帯に暮らす子どもの割合（これを「子どもの貧困率」と呼びます）は13.5％と算出されており，７人に１人が貧困状況で暮らしていることになります（図10-1）。たとえば，１クラスに35人の児童生徒がいたとしたら，単純計算でその中の５人は経済的に困難な状況にあることになります。とくに，母子世帯など，ひとり親の世帯における子どもの貧困率は48.1％に上ります[*5]（図10-2）。

2　子どもの貧困とは何か

子どもは大人になるまでにさまざまな経験をして育ちます。たとえば多くの人は，幼少期から大人に絵本を読んでもらったり，家族と旅行に行ったり，習い事をしたりします。中学校や高校では勉強や部活動に取り組んだり，あるい

＊4　岩田，前掲書，2007年。

＊5　学校教育法第19条では，「経済的理由によつて，就学困難と認められる学齢児童又は学齢生徒の保護者に対しては，市町村は，必要な援助を与えなければならない」と定めている。日本国憲法第26条や教育基本法第４条，そして学校教育法第19条（下線部）を根拠に，市町村は学用品費や通学用品費を援助することになっている。文部科学省『就学援助実施状況等調査結果』によれば，平成30年度の就学援助受給率は14.7％であった。

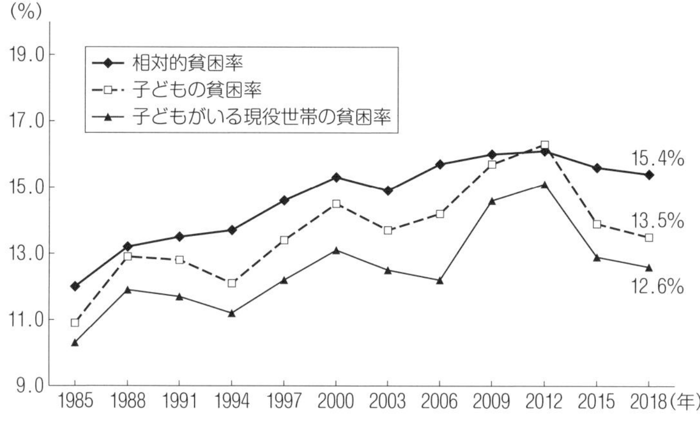

図10－1　相対的貧困率，子どもの貧困率の年次推移

注：1）1994年の数値は兵庫県を除いたものである。
　　2）2015年の数値は熊本県を除いたものである。
　　3）大人とは18歳以上の者，子どもとは17歳以下の者，現役世帯とは世帯主が18歳以上65歳未満の世帯をいう。

出所：厚生労働省『2019年国民生活基礎調査』より筆者作成。

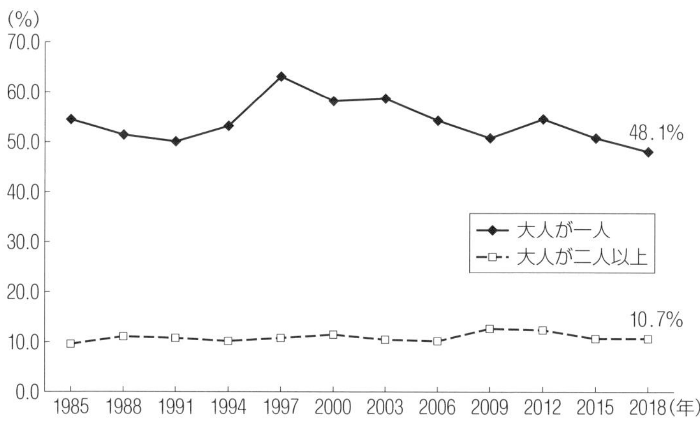

図10－2　子どもがいる現役世帯の貧困率の年次推移

注：1）1994年の数値は兵庫県を除いたものである。
　　2）2015年の数値は熊本県を除いたものである。
　　3）大人とは18歳以上の者，子どもとは17歳以下の者，現役世帯とは世帯主が18歳以上65歳未満の世帯をいう。

出所：図10－1に同じ。

は趣味や友人との付き合いに忙しかったりした人もたくさんいると思います。

しかし，貧困世帯の子どもは，そうした経験が乏しい傾向があります。大澤は，「生活困難層」の子どもは「生活安定層」の子どもと比較して，絵本の読み聞かせの経験が少ないこと，旅行や遊園地などの余暇活動の頻度が少ないこと，塾や習い事の経験が少ないことを明らかにしています[*6]。

これに対して，たとえば「絵本はお金がなくても図書館で借りられる」という意見もあるかもしれません。しかし，それでも図書館に行く時間と手段が必要になります。保護者が仕事で忙しかったり，病気で寝込んでいたりする場合に図書館で絵本を借りることは難しいでしょう。またそもそも保護者自身が子どものころに読み聞かせをしてもらえた経験がほとんどなく，その必要性を感じていないケースも考えられます。

さらに貧困世帯の子どもは，教育のさまざまな局面で困難を抱える傾向があります。たとえば2018年度の調査によれば，全世帯の高等学校等進学率は99.0％ですが，生活保護世帯の子どもの進学率は93.7％です[*7]。また全世帯の大学等進学率は72.9％ですが，生活保護世帯の子どもの進学率は36.0％です[*8]。また部活動（運動部と文化部）の所属率についても，一般世帯は86.3％なのに対して，生活保護世帯の子どもは69.9％という調査結果があります[*9]。

食事面や健康面で課題を抱えていることも明らかになっています[*10]。このように，経済的困難は，子どものさまざまな面に，しかも長期的に影響を及ぼしかねないのです。小西は，「子どもの貧困」が若者の貧困，おとなの貧困，そして次世代の子どもの貧困へとつながることをふまえ，「子どもの貧困」とは「子どもが経済的困難と社会生活に必要なものの欠乏状態におかれ，発達の諸段階におけるさまざまな機会が奪われた結果，人生全体に影響を与えるほどの多くの不利を負ってしまうこと」だと述べています[*11]。世代を超えて貧困が繰り

＊6　大澤真平「子どもの経験の不平等」『教育福祉研究』14，2008年，１～13頁。

＊7　文部科学省「学校基本調査」2018年度および内閣府『子供の貧困対策に関する大綱』2018年度より。

＊8　文部科学省および内閣府，前掲。

＊9　林明子『生活保護世帯の子どものライフストーリー――貧困の世代的再生産』勁草書房，2016年ａ，100頁。

＊10　阿部彩・村山伸子・可知悠子・鳫咲子（編）『子どもの貧困と食格差』大月書店，2018年。

返される現象は，貧困の世代的再生産と呼ばれますが，この現象は外から見えづらいものです。

3　学校や教師の対応

貧困状況にある子どもに日常的に接することができるのは，学校の教師です。ただし学校には，「家庭の職業の違いや貧富にかかわりなく，すべての子どもをみんな平等にあつかっている。だから『低所得者』や『生活困難層』といった特別の見方は，教育の場にふさわしくない[*12]」と考える教師もいます。また貧困世帯の子どもたちに特徴的な課題（不登校や低学力等）が見られたとしても，教師は彼らを「同一の社会的背景をもつ子どもたち」として捉えることはなく，「特別に処遇」することはないことが明らかにされています[*13]。

しかしながら，その一方で教師は，個々でこうした子どもに配慮し対応してきたことも事実です。「朝食を食べてこない子には，担任が他の子に分からないように声をかけてパンを食べさせたり[*14]」，制服が破れているのを見かけたら「縫ったろか？」と声をかけたり，クラブの遠征費を立て替えたり[*15]してきたのです。また，忘れ物が多かったり同じ服を着続けていたりお風呂に入っていない様子を，教師は家庭の経済的困難を知る手がかりとしており，それに対して「声をかけて，子どもの様子をつかむようにして」いたり，「電話で保護者とよく連絡をとるようにして」いたりします[*16]。このように，学校現場では貧困世帯の子どもに対してさまざまな関わりが行われています。

＊11　小西祐馬「子どもの貧困を定義する」子どもの貧困白書編集委員会（編）『子どもの貧困白書』明石書店，2009年，10～11頁。

＊12　久冨善之「学校から見えるヴェール一重――教師・学校にとっての生活困難層」久冨善之（編）『豊かさの底辺に生きる――学校システムと弱者の再生産』1993年，147～178頁。

＊13　盛満弥生「学校における貧困の表れとその不可視化――生活保護世帯出身生徒の学校生活を事例に」『教育社会学研究』88，2011年，273～294頁。

＊14　久冨，前掲書。

＊15　盛満，前掲書。

＊16　林明子「公立小中学校の教員による児童・生徒の経済的困難の見立て方と対応」『附属学校等と協働した教員養成系大学による「経済的に困難な家庭状況にある児童・生徒」へのパッケージ型支援に関する調査研究プロジェクト平成27年度報告書』，2016年ｂ，19～27頁。

2 家庭の貧困と児童虐待

家庭の経済的な困難は，さまざまな問題を付随して引き起こすことがあります。反対に言えば，子どもをめぐるさまざまな問題の背後には家庭の貧困が潜んでいることがあるのです。その1つに児童虐待があります。児童虐待は身体的，精神的，社会的，経済的等の要因が複雑に絡み合って起こると考えられています[*17]。実際，母親による児童虐待の発生要因を分析した結果，児童虐待が発生する背景には，母親の病理的要因だけでなく，経済環境と社会環境も影響していることが明らかにされています[*18]。

2009年に全国児童相談所長会で報告された調査結果によれば，児童相談所に寄せられた相談の中で，児童虐待につながると思われる家庭・家族の状況のうち，「経済的な困難」の割合が最も多く，33.6％を占めていたといいます。次いで「虐待者の心身の状態」が31.1％，「ひとり親家庭」が26.5％，「夫婦間不和」が18.3％，「DV」が17.1％，「不安定な就労」が16.2％，「親族，近隣，友人から孤立」が13.5％という結果でした[*19]。

表10－1　児童虐待の分類

身体的虐待	殴る，蹴る，投げ落とす，激しく揺さぶる，やけどを負わせる，溺れさせる，首を絞める，縄などにより一室に拘束するなど
性的虐待	子どもへの性的行為，性的行為を見せる，性器を触る又は触らせる，ポルノグラフィの被写体にするなど
ネグレクト	家に閉じ込める，食事を与えない，ひどく不潔にする，自動車の中に放置する，重い病気になっても病院に連れて行かないなど
心理的虐待	言葉による脅し，無視，きょうだい間での差別的扱い，子どもの目の前で家族に対して暴力をふるう（面前DV），きょうだいへの虐待行為など

出所：広報紙『厚生労働』2021年2月号。

＊17　厚生労働省「子ども虐待対応の手引き」2013年。

＊18　周燕飛「母親による児童虐待の発生要因に関する実証分析」『医療と社会』29(1)，2019年，119～134頁。

＊19　宮島清「虐待ないしその疑いで通告された子どもとその家族の状況及びそこから明らかになる児童相談所の対応の課題――ソーシャルワークの必要性」『「全国児童相談所における家庭支援への取り組み状況調査」報告書』2009年，5～20頁。

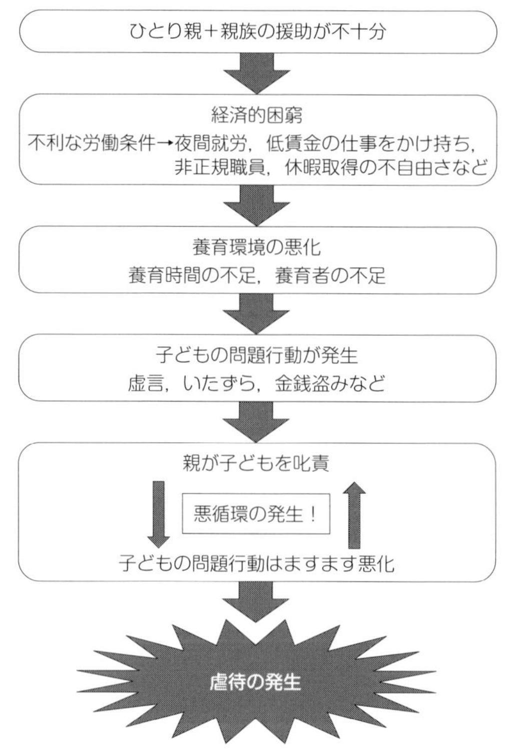

図10－3　ひとり親が働いている場合の子ども虐待発生過程

出所：清水克之「児童相談所から見る子ども虐待と貧困」松本伊智朗（編）『子ども虐待と貧困』明石書店，2010年，55頁。

児童虐待は４種類に分類されます（表10－1）。これらは１つだけ行われるのではなく，複数が重なる場合もあります。またネグレクトは養育放棄と言われることもあります。

身体的虐待は何らかの傷跡が身体に残り，外部から見える可能性がありますが，性的虐待やネグレクト，心理的虐待は外部から把握することはかなり困難だと考えられます。また身体的虐待や性的虐待，心理的虐待は，児童に危害を加えることで発生しますが，ネグレクトの場合は保護者が適切な養育を行わない（あるいは行えない）ことで発生します。

もちろんすべての貧困世帯の保護者が虐待をするわけではありませんし，経済的に安定した家庭でも虐待は起きています。しかしながら，生活に必要なお金や時間が足りない状態はストレスのたまりやすい緊張状態だと推測できます。また子育てに協力してもらえる人が周囲におらず，孤立しがちなために，保護者は息を抜ける時間もなく，子育てのモデルを見る機会も得にくいと考えられます。清水は，広島県の児童相談所に寄せられた児童虐待相談・通告件数のうち，重症度の高いものについて取り上げ，２歳児以上の重症事例（身体的虐待事例）の１つの典型的なパターンとして図10－3のような図式があると説明しています。ここからは，貧困の状況からさまざまな事態が派生して虐待に至ってしまうことが読み取れます。

3　子どもに関わる機関としての学校

虐待を受けている子どもの中には，学校に登校できない子もいます。たとえば，次に見るように大阪府岸和田市の事件では，事件発覚の２年前から虐待が行われており，１年前から被虐待児は学校に登校しなくなっていました。学校側も生徒が不登校であることから，家庭訪問をしたり，児童相談所に相談したりしていました（下線は筆者）。

岸和田中学生虐待事件（朝日新聞2004年１月26日朝刊より抜粋）

中学３年生の長男（15）に食事を約３カ月間ほとんど与えず，衰弱死させようとしたとして大阪府警は25日，実父の大阪府岸和田市，トラック運転手Ａ（40），その内縁の妻の主婦Ｂ（38）の両容疑者を殺人未遂容疑で逮捕した。長男は昨年11月に保護された当時，衰弱が激しく，身長155センチ，体重は前年の41キロから７歳児並みの24キロにまで減っており，現在も昏睡（こんすい）状態が続いている。

捜査１課の調べでは，両容疑者は長男を殴るけるなどして自宅マンションの６畳間に閉じこめ，昨年８月ごろから約３カ月間にわたり，ほとんど食事を与えずに衰弱死させようとした疑い。府警は，長男が死亡するかもしれないという認識を持ちながら両容疑者が虐待を続けたと判断し，未必の殺意による殺人未遂容疑を適用した。

長男は02年秋から登校しなくなり，在籍していた中学校は家庭訪問したり，児童相談所に相談したりした。しかし，長男との面会を両容疑者に拒まれたことなどから虐待の事実を確認する決め手がなく，早期の保護などの対応をとることができなかったという。昨年11月２日朝，意識不明になった長男を見た両容疑者が死亡したと思って119番通報し，救急隊員が虐待を疑って岸和田署に通報した。

虐待は01年ごろから，食事の制限は02年６月から始まったとみられ，同年10月になると長男が登校しなくなった。担任教諭や校長が訪ねてもＢ容疑者が「病気で寝ている」などと言って会わせなかったという。

次男は昨年６月に家出し，Ａ容疑者と離婚した実母と現在は暮らしている。実母は長男を引き渡すよう求めたが，両容疑者に拒まれたという。

当時，学校や児童相談所は児童虐待と正しく認識しておらず，子どもは危険な状態にさらされ続けました。そして，この事件をきっかけに体制の不備や連携の在り方が見直され，当時の児童虐待防止法の改正作業にも大きな影響を及ぼしたと言われています[*20]。

児童相談所に寄せられる虐待相談の相談経路は，表10－２のとおりです。児

表10－２　児童相談所での虐待相談の経路別件数

相談経路	件　数	割　合
警察等	66,055	49.4%
近隣知人	16,982	12.7%
家族	9,664	7.2%
学校等	9,281	6.9%
福祉事務所	7,626	5.7%
医療機関	3,199	2.4%
親戚	2,171	1.6%
児童福祉施設	2,046	1.5%
児童本人	1,118	0.8%
児童委員	218	0.2%
保健所	168	0.1%
その他	15,250	11.4%
合計	133,778	100.0%

注：その他で最も多いのは，「他の児童相談所」であり，6,328件を占める。
出所：厚生労働省「平成29年度　児童相談所での児童虐待相談対応件数〈速報値〉」2018年をもとに筆者作成。

童相談所には，警察や近隣知人，家族，学校，福祉事務所などから相談が寄せられますが，この中で，学齢期の児童生徒を網羅的かつ公的に把握できるのは学校だけです。山野は，就学前であれば保健所や保健センターの健診で，すべての子どもが把握でき，さまざまなサービスが展開されていくのに対し，就学後はそうした仕組みがなくなると指摘しています。そして，学校においても，全員の子どもを把握するため同様の仕組みを作る必要性を訴え，さまざまな機能をもたせるよう「学校プラットフォーム」の実現を提案しています。[*21]

なお，2019年６月に子どもの貧困対策推進法が改正され，同年11月「子供の貧困対策に関する大綱」が閣議決定されました。[*22] そして，この大綱の中で，「地域に開かれた子供の貧困対策のプラットフォームとしての学校指導・運営体制の構築（スクールソーシャルワーカーやスクールカウンセラーが機能する体制の構築等）」が明記されています。次節では，スクールソーシャルワーカー（SSW）という職種に注目しながら，福祉と教育がいかに連携しうるかについて見ていきましょう。

4　福祉と教育はいかに連携しうるか

2000年に「児童虐待の防止等に関する法律（児童虐待防止法）」が制定されました。2004年に一部改正された際には，児童虐待防止に関する学校の役割が明文化され，2007年には児童虐待防止対策の強化が行われました。[*23] 西野は，法規範から見て，「学校での子ども虐待対応」とは，「虐待防止の教育・啓発」「早

＊20　川﨑二三彦『児童虐待――現場からの提言』岩波新書，2006年。

＊21　山野則子『学校プラットフォーム』有斐閣，2018年。山野は，学校プラットフォームについて，学校を子どもに関するさまざまな問題の発見から支援まで立ち向かえるためのプラットフォーム（＝基盤）として位置づけていく考え方を目指すと説明している。

＊22　2014年１月に子どもの貧困対策の推進に関する法律が制定され，同年８月に子供の貧困対策に関する大綱が定められた。そこでは５年おきに内容を見直すとされている。

＊23　児童虐待問題への対応を強化するため，2020年に児童福祉法と児童虐待防止法が改正され，親権者などによる体罰禁止が明記された。厚生労働省『体罰等によらない子育てを広げよう』によれば「言葉で３回注意したけど言うことを聞かないので，頬を叩いた」等は体罰だと説明されている。たとえ親がしつけだと思っていたとしても，子どもの身体や心を傷つける行為は体罰なのである。

期発見・通告」「通告後の支援」「継続的な安全確認」「児童への学習支援」「関係機関との連携」であるとしています[*24]。すべての子どもたちを把握できること，生活に密着し子どもや家族にとって大変身近であることから，学校は悲惨な状況にある子どもや家庭の状況をいち早くキャッチできる可能性があり[*25]，その役割を強く期待されています。

2008年，文部科学省は児童生徒の問題行動の背景には，心の問題とともに，環境の問題が複雑に絡み合っているために，児童生徒が置かれている環境に着目して働きかけることができる人材や，関係機関等との連携をいっそう強化し，問題解決を図るためのコーディネーター的な存在が必要だとして，スクールソーシャルワーカー活用事業を開始しました（1995年からスクールカウンセラー（SC）は導入されていました）。スクールソーシャルワーカーによる対応実績のある学校の割合は，子どもの貧困に関する指標にもなっており，2018年度の実績は小学校で50.9%，中学校で58.4%となっています[*26]。

文部科学省は2008年度から2018年度まで毎年スクールソーシャルワーカー実践活動事例集を出しており（2009年度を除く），そこでは各都道府県・指定都市・中核市ごとにスクールソーシャルワーカーの推進や研修体制，実際のスクールソーシャルワーカー活用事例が報告されています。活用事例には，子どもたちが抱える課題として，①貧困対策（家庭環境の問題，福祉機関との連携等），②児童虐待（未然防止，早期対応，関係機関との連携等），③いじめ，④不登校，⑤暴力行為，⑥非行・不良行為，⑦その他（発達障害等に関する問題，心身の健康・保健に関する問題等），⑧性的な被害，⑨ヤングケアラーという９つの区分が示されており，これらの課題にスクールソーシャルワーカーが関与していることがうかがえます。以下は，平成30年度スクールソーシャルワーカー活用事業実践活動事例集に掲載されている事例の一部です（下線は筆者）。

＊24　西野緑『子ども虐待とスクールソーシャルワーク――チーム学校を基盤とする「育む環境」の創造』明石書店，2018年。

＊25　山野，前掲書。

＊26　内閣府，前掲書。スクールソーシャルワーカーの配置人数は地域による偏りが見られ，児童生徒１万人当たりの数は最少県で0.3人，最多県で９人超だと報道された（毎日新聞2016年10月６日）。子どもの貧困対策にも必要な職種だという認識は進んでいるものの，スクールソーシャルワーカーに就く者を輩出する養成機関も少ないという現状もある。

【事例１】被虐待児の中学卒業後を見据えた支援のための活用事例（①貧困対策，②児童虐待）

中学生男子（Ａ男）の母親より「Ａ男が母親の財布から数万円を盗んでゲーム用カードを買っており，それを責めたところ暴力を振るわれた」と担任に相談があった。ただちにケース会議を開き，情報を共有したところ，母子家庭で，頼れる親族もいないことや，長年親戚のトラブルに巻き込まれており，母親には精神的に不安定なところがあることがわかった。そこで，Ａ男に対しては担任と学年主任が事情の聞き取りと生活指導を行い，母親に対してはSCが面談を行うこととなった。その中で，母親がＡ男にしつけと称して暴力を振るい続けていたことや，これまで小遣いを一切与えていなかったことがわかった。SSWは，SCの助言を基に母親を医療機関につないだが，その後再びＡ男による母への暴力が起こったため，警察から児童相談所に通告，一時保護となった。母親と離れて暮らす中で，Ａ男は安定した生活を取り戻し，受験勉強にも集中して取り組めるようになった。母親は医療機関で継続的に服薬，カウンセリングを受けている。Ａ男が母親との適度な距離を確保できるよう，児童相談所や教育委員会と連携しながら，環境を整えている（静岡県教育委員会）。

【事例２】児童虐待に対応した活用事例（②児童虐待，⑨ヤングケアラー）

母子家庭で，家計を支える母親は，長時間労働のため，帰宅は23時。家事と弟妹の世話は生徒が担っていて，ストレスを抱えていた。近所からは虐待（ネグレクト）通報があり，児童相談所が介入した。児童相談所とスクールソーシャルワーカーが母親と本人に指導・助言をして，母親は18時に帰宅するようになった。生活が困窮していたため，生活困窮者相談窓口の生活自立・仕事相談センターにつないだ（千葉県教育委員会）。

【事例１】からは，母親の身近な相談相手として担任が存在すること，担任は母親からの相談内容についてケース会議が必要だと判断したところから支援や指導が開始されたことが読み取れます。なお，ケース会議とは，一人ひとりの子どもに対して，支援方針とチームとしての役割分担を決定するための支援会議のことを言います。一般的には，担任や管理職，スクールソーシャルワーカー，スクールカウンセラーが同席することが多くなります。

【事例２】にあるヤングケアラーとは，家族にケアを要する人がいるために，家事や家族の世話などを行っている，18歳未満の子どものことを言います。[*27] 学校では一見問題がなさそうな児童生徒であったとしても，家庭の中で負担を負っているケースもあることに注意が必要です。

【事例1】も【事例2】も学校内部で対処できる課題ではなく，医療機関や児童相談所，生活自立・仕事相談センターなどの公的機関とつながりながら支援にあたっていることがわかります。このように，スクールソーシャルワーカーは子どもを取り巻く環境を整理し，家庭と関係のある機関から適切な支援が受けられるように，つないでいくことが主な職務と言えます。

しかし，スクールソーシャルワーカーは非常勤職であることが多く，学校に常勤していることは少ないのが現状です。そのためスクールソーシャルワーカーが機能していくためには，学校側にコーディネーター役を担う教員が必要となります。コーディネーターの役割について，西野は，校内の教職員や地域資源を巻き込みながら，①早期対応を可能にする校内体制の整備，②子どもにとって「意味ある他者」の存在と「安心の環境＝居場所」づくり，③親と学校とのつながりづくりであるといいます。[*28]

学校に通っている子どもの中には，さまざまな困難を抱えている家庭の子どもや虐待を受けている子どももいます。児童生徒の家庭背景に目を向けたときに，教師として子どもや保護者にどのような配慮や関わりをすることが必要なのか，つねに考えなくてはなりません。また場合によっては，福祉との連携も必要になります。学校が外部と連携して初めて，子どもやその保護者に適切な支援が届くということがあるからです。

まとめ

本章では，まず「子どもの貧困」について学び，学校ではどのような対応がとられているのか確認しました。次に，貧困と虐待との関連性について検討してきました。ある家庭が貧困だからと言って，すなわち虐待が起きているわけではもちろんありません。しかし，社会経済的に不利を抱えている家庭は，他の困難を誘発しやすく，虐待のリスクが高くなると考えられます。最後に，課題を抱えた子どもに対

＊27　澁谷智子『ヤングケアラー——介護を担う子ども・若者の現実』中公新書，2018年。
＊28　西野，前掲書。

応するために，スクールソーシャルワーカー（SSW）という職種を手掛かりに教育と福祉の連携について考えました。困っている子どもやその家庭に対しては，学校だけでなく児童相談所や福祉事務所，医療等との連携が必要になることがあります。学校を中心とした新しい連携の在り方について今後も実践と検討が必要です。

さらに学びたい人のために

○松本伊智朗（編）『子ども虐待と貧困――「忘れられた子ども」のいない社会をめざして』明石書店，2010年。

虐待も貧困もどちらも見えづらいものですが，本書によって虐待と貧困のつながりを具体的に学ぶことができます。章によって児童相談所や学校教育等から子どもの貧困と虐待がどう見えるのかが描かれており，子育て家族の現状や社会の在り方について考えるための１冊となります。

○末富芳（編）『子どもの貧困対策と教育支援』明石書店，2017年。

タイトルのとおり，子どもの貧困に対して何をどのようにしていけばよいのかが書かれています。第１部「教育支援の制度・政策分析」と第２部「当事者へのアプローチから考える教育支援」から構成されており，多様な側面から子どもの貧困問題を解決していくための糸口がつかめるでしょう。

○澁谷智子『ヤングケアラー――介護を担う子ども・若者の現実』中公新書，2018年。

ヤングケアラーを知るための必読書。教員を対象としたアンケート調査から，子どもがケアをしていることをどのようにして気付いたか，学校生活にはどのような影響があるかといった教員側の認識を読み取ることができます。また当事者を対象とした調査からは，ヤングケアラーの経験を知ることができます。具体的な支援も豊富に書かれており参考になります。

コラム③

子ども食堂

筆者がかつて参加していたある学習支援教室では，当時，休憩時間におにぎりや菓子を提供していました。その教室の卒業生Aさんに，卒業後，「教室に通っていて，何がよかった？」と聞いたところ，「おにぎり出されたのはすごい助かった。なかなか家で食べるご飯がないって言えないから」と言われたことがあります。Aさんは生活保護を受給する母子世帯でしたが，母親は病気療養中だったため，Aさんが家事を担っていました。「食べるものがなかったから当時は痩せていた」という話もあとから聞きました。

保護者が食事を用意するためには，買い物に行く手段や材料費だけでなく，調理する時間や空間，体力や気力も必要です。これらがなければ，子どもは欠食や偏った食事をすると想定されますが，こうした家庭内の様子は外からなかなか知ることができません。

2010年代初頭からこうした問題が指摘されるようになり，全国各地で子ども食堂が開かれはじめました。NPO法人全国こども食堂支援センター・むすびえの調査によれば，子ども食堂は2020年の段階で全国に5,086か所あることがわかりました*。子ども食堂とは，子どもが行ける無料または低額の食堂のことをいいますが，対象を限定せず，地域の居場所や多世代交流の場として機能している子ども食堂もあります。

貧困世帯でなくても，勤務時間が不規則だったり帰宅時間が遅くなったりする保護者は多くいます。また保護者の体調がすぐれず，家庭で食事を賄うことが困難なときもあります。こうしたとき，子どもたちは望ましい時間に栄養ある食事をとれないだけでなく，家庭の中で孤立しているかもしれません。そう考えると，気軽に行ける子ども食堂はセーフティネットでもあり，人とつながれる居場所でもあるのです。

コロナ禍では子ども食堂を開くのが難しい地域もありましたが，その代わりにフードパントリー（寄付された食料を無料で配布する活動）を開催したところもありました。こうした活動を行うためには，ボランティアの協力が欠かせません。子ども食堂は，人員や場所，資金面で困難を抱える場合もあります。子ども食堂やフードパントリーは子どもや保護者，地域を支える活動としてニーズが高いため，国や地方自治体の体制の見直しや支援強化をはかっていくことが求められます。

注

* NPO法人全国こども食堂支援センター・むすびえ「それでも増えた！　こども食堂　こども食堂全国箇所数調査2020結果発表のおしらせ＃こども食堂の2020年」2020年。https://musubie.org/news/2898/（2021年8月18日閲覧）

第11章

義務教育と不登校

学びのポイント

- 日本の義務教育に関する法律と制度の特徴について理解する。
- 教育機会確保法の趣旨と意義について理解する。
- 不登校，高校中退，外国人の子どもの不就学など，学校に行かないさまざまな子どもの問題の現状とその背景を理解する。
- すべての子どもに教育機会を確保することの重要性を理解し，その確保の在り方について検討する。

WORK　誰のための「義務」教育か

子どものころ，「明日は学校に行きたくないな」と思った人は多いと思います。そんなとき，なぜ学校に行かなければいけないのだろうと疑問に思ったことはありませんか。

その答えの1つに「義務教育だから」ということがあると思います。しかし，子どもが学校にいくことは本当に義務なのでしょうか。

この問題を考えるために，以下の3点について調べたり考えてみてください。

① 日本において「義務教育」の義務は，誰のどんな義務として定められているでしょうか。

② 2016年12月に成立した教育機会確保法第13条には，不登校児童生徒の休養の必要性について記されています。義務教育であるにもかかわらず，なぜそのようなことが書かれていると思いますか。

③ 世界の多くの国では，学校に通わず家庭で教育を受けるというホームエデュケーションの制度が認められています。なぜ，日本でホームエデュケーションは認められていないのでしょうか。

●導　入●●●●●●●

本章では不登校・長期欠席問題を取り上げます。政府や教育委員会はさまざまな対策を講じてきましたが，思うような結果が得られていません。こうした状況のなかで，すべての子どもたちが教育を受けられるようにするにはどうしたらいいのかが改めて問われるようになっています。

日本は国民の教育機会を保障するために義務教育制度をつくり，学校を整備してきました。しかし，不登校が増加する中で，新たな手立てを求める声があがっています。本章では，このことを考えるために，日本の義務教育制度を概観したうえで，2016年に成立した教育機会確保法を詳しく見ていきます。この法律はこれまでの教育の在り方に対して，大きな問題提起を含んでいます。本章の後半では，この法律の趣旨をふまえて，支援の必要なさまざまな子どもたちに対する今後の教育機会の確保の在り方について考えます。

1　義務教育とは何か

1　保護者の義務としての義務教育

みなさんもよく知っているとおり，日本では9年間の義務教育が課されています。学校教育法によれば，満6歳の誕生日を過ぎた次の4月から15歳の誕生日を過ぎた3月までは義務教育を受けることになっています。なお，この期間の年齢を学齢といいます。多くの子どもは学齢の最初の6年間を小学校で過ごし，その後の3年間を中学校で過ごします。ただし，現在は義務教育学校という9年一貫の学校があり，そこに通う子どももいますし，小学校卒業後に進学する学校として6年制の中等教育学校もあります。また，障害を持つ子どもの中には，特別支援学校に通う子どもがいます。このように義務教育を受ける子どもが通う学校にはさまざまな種類があります。

なお，教育の義務は日本国憲法や教育基本法で定められていますが，そこで規定されているのは子どもの義務ではありません。日本国憲法の第26条では，教育を受ける権利と教育の義務が以下のように規定されています。

> 日本国憲法第26条
> 　すべて国民は，法律の定めるところにより，その能力に応じて，ひとしく教育を受ける権利を有する。
> 　すべて国民は，法律の定めるところにより，その保護する子女に普通教育を受けさせる義務を負ふ。義務教育は，これを無償とする。

第１項は，国民にはひとしく教育を受ける権利があることを謳ったもので，第２項で教育の義務について説明されています。その義務とは，国民が「その保護する子女に普通教育を受けさせる義務」です。ここでの「国民」は保護者を指しています。つまり，保護者に対して，子に教育を受けさせることが義務づけられているのです。

憲法のこの条文を受けて，教育基本法第５条でも「国民は，その保護する子に，別に法律で定めるところにより，普通教育を受けさせる義務を負う」と規定しています。そして，学校教育法第16条において，「保護者……は，……子に９年の普通教育を受けさせる義務を負う」と，義務の主体が保護者であることが明示されています。そして同法第17条で，この義務とは，冒頭に述べたような，小学校や中学校などの「学校に通う義務」であると規定されています。

2　就学義務と教育義務

世界のほとんどの国で義務教育の制度が設けられていますが，それは「就学義務制」と「教育義務制」の２つに分けることができます[*1]。就学義務とは，子どもが学齢になったら，指定の教育機関・施設に就学させる義務を課すものです。日本はこの考え方に基づいて義務教育を定義しています。これに対して教育義務とは，教育の場を特定しないで子どもが教育を受けることを義務づけるものです。教育義務の考え方では，義務教育を受けるということがすぐさま学

＊１　結城忠「就学義務制と教育義務制(1)」『教職研修』第36巻第10号，2008年，117頁。

校に通うということにはなりません。たとえば，フランスは公教育における親の自由が尊重されており，家庭で教育を受けさせる自由が認められています。ただし，原則は教育機関において教育を保障することであり，家庭で教育義務を果たすのは例外的な性格を帯びているとされています[*2]。

このように義務教育の考え方はたいへん多様ですが，就学義務制の国でも，現在では認証や評価の仕組みを整えて，通常の学校以外の教育施設（オルタナティブスクール）や家庭での教育（ホームエデュケーション）を認めるようになっています。こうした動向と比較すると，日本は就学義務を厳格に守ろうとしている国だと言えるでしょう。

なお，就学義務の考え方では，許可を得ずに子どもが学校を休むと，保護者は学校に通わせる義務を果たしていないとみなされます。ただし，どの程度そのことに対して制裁を科すかは社会によりまちまちです。たとえば，イギリスBBCの2019年３月21日の報道によれば，同国では保護者が学校の許可を得ずに子どもを休ませて休暇に出かけて罰金を科せられるケースが増えており，2017～2018年度に発行された罰金通知書は22万3,000件に達したということでした[*3]。日本でも学校教育法第144条において，就学義務の履行の督促を受けても履行しない保護者は十万円以下の罰金に処すると書かれています。しかし，実際にそのような罰金が科されることは多くありません[*4]。

3　義務教育の対象年齢

義務教育をめぐるもう１つの問題は対象年齢についてです。先に述べたよう

＊2　藤井穂高「フランスにおける義務教育の問題構成――1998年の義務教育法改正を素材として」『比較教育学研究』27，2001年，175～177頁。

＊3　'School holiday fines: Parents hit by penalties rise 93%' BBC News, 21 March 2019. https://www.bbc.com/news/uk-england-47613726（2021年８月17日閲覧）

＊4　羽間らは過去の判例を検索し，就学義務不履行で有罪判決を受けたものは２件（福島家裁平支部昭和34年10月13日判決，岐阜家裁昭和51年２月12日判決）であったと報告している。羽間京子・保坂亨・小木曽宏「接触困難な長期欠席児童生徒（および保護者）に学校教職員はどのようなアプローチが可能か――法的規定をめぐる整理」『千葉大学教育学部研究紀要』59, 2011年，13～19頁。

表11－1　諸外国の義務教育年限

アメリカ	就学義務に関する規定は州により異なる。就学義務開始年齢を６歳とする州が最も多いが，７歳あるいは８歳とする州でも６歳からの就学が認められており，６歳児の大半が就学している。義務教育年限は，９～12年であるが，12年とする州が最も多い。
イギリス	義務教育は５～16歳の11年である。ただし，16～18歳は教育あるいは訓練に従事することが義務付けられているため，実際の離学年齢は18歳である。この期間，進学者だけではなく就職者もパートタイムの教育・訓練を継続する。
フランス	義務教育は６～16歳の10年である。義務教育は年齢で規定されている。留年等により，義務教育終了時点の教育段階は一定ではない。
ドイツ	義務教育は９年（一部の州は10年）である。また，義務教育を終えた後に就職し，見習いとして職業訓練を受ける者は，通常３年間，週に１～２日職業学校に通うことが義務とされている（職業学校就学義務）。
中国	９年制義務教育を定めた義務教育法が1986年に成立（2006年改正）し，施行された。実施に当たっては，各地方の経済的文化的条件を考慮し地域別の段階的実施という方針がとられている。2010年までに全国の約100%の地域で９年制義務教育が実施されている。
韓国	義務教育は６～15歳の９年である。

出所：文部科学省「諸外国の教育統計」平成31（2019）年版より著者作成。

に，日本では６歳から15歳までとしていますが，諸外国では５歳から始まるところもあり，また16歳あるいは18歳までを義務教育としているところもあります。文部科学省が編纂した「諸外国の教育統計」には，いくつかの国の学校制度と義務教育に関する説明が掲載されています。それらをまとめたのが表11－1です。国によってまちまちで，９年というのは決して長くないことがわかります。アメリカの多くの州では12年とされており，またイギリスでは義務教育が５歳から始まります。なお，この表の基となっている資料には記載されていませんが，フランスでは2019年度から義務教育が３歳からになりました[＊5]。

なお，日本でも５歳児の就園率や中学校卒業後の高校進学率はほぼ100％ですが，義務教育にはなっていません。５歳児は，幼稚園，保育所，幼保連携型認定こども園などの多様な施設で保育されていますが，いずれの施設にも通っていない未就園の状態にある子どもの人数に関する統計が整備されていません。

＊5　「フランス：義務教育３歳から　移民層念頭に『格差是正』」『毎日新聞』2018年４月２日朝刊，８頁。

内閣府の会議資料によれば，2017年度の未就園率は1.9％（2.0万人）だとされています。[*6] また，高校進学率は2018年度は98.8％で，1.2％は非進学でした。[*7] このように，５歳児と16～18歳は，ほとんどの子どもが学校や園に通っていますが，義務教育にはなっていないのです。

したがって，これらの年齢の子どもを持つ保護者は就園・就学させていなくても法的な制裁は課されません。また，それは裏返せば，認可を受けていない教育施設に子どもを通わせる自由を保障することにもなります。しかし，たとえば高校に行かない場合，高卒の資格を得ることは難しく，就職や進学において不利益を被るおそれがあります。それゆえ，義務教育でなくとも，ほぼ全員が就学・就園している年齢の子どもについては，教育機会の保障が非常に重要な課題となります。

2　不登校問題の経過と対策

前節で触れたように日本では就学義務が課されています。しかし，実際には多くの子どもたちは，１年間に何日も学校を欠席しています。その多くは不登校であるとされていますが，ほかにも病気やその他の理由で長期間休んでいる子どもがいます。私たちは，こうした不登校やその他の理由による長期欠席の問題をどう理解し対応していけばいいでしょうか。

この問題を考えるうえで留意しなければならないのが，就学義務に対する日本の向きあい方です。以下では，このことがどのように変化してきたのかに留意しながら，長期欠席・不登校の対策の変化を見ていきます。

1　登校拒否の問題化と「心の居場所」としての学校の役割

義務教育が現在のように９年になったのは，第二次世界大戦後の教育改革に

＊6　「第１回　幼稚園，保育所，認定こども園以外の無償化措置の対象範囲等に関する検討会」2018年１月配布資料「認可外保育施設・幼稚園預かり保育の現状について」より。

＊7　「文部科学統計要覧（平成31年版）」より。

よってでした。しかし，戦後に新しくできた新制の中学校は，当初は多くの生徒が長期欠席し，対応に苦慮しました。政府は就学義務を9年間に延ばしたことの正当性をアピールするためにも，また欠席による青少年の不良化に対処するためにも，欠席を減らす対策を講じる必要がありました。このため，政府は1950年から長期欠席に関する全国調査を開始し，1952年度調査からは，長期欠席を「年間50日以上欠席したもの」という基準で統一しました。なお，当時の欠席理由は，小学校では「疾病異常」が最も多く，中学校では「家庭の無理解」や「家庭の貧困」が多く見られました[*8]。

その後，高度経済成長期になると長期欠席は激減しましたが，1970年代半ばになると再び増え始めました。そしてそのころから，病気や経済的理由によらずに長期間学校を休む子どもの問題が教育問題として注目されるようになります。このころは「学校ぎらい」「登校拒否」などと呼ばれていました。

登校拒否問題において最初の重要な指針が提示されたのは，1990年に設置された学校不適応対策調査研究協力者会議においてでした。同会議は1992年に最終報告「登校拒否（不登校）問題について――児童生徒の『心の居場所』づくりを目指して」を提出しました。その中で登校拒否（不登校）は，「何らかの心理的，情緒的，身体的，あるいは社会的要因・背景により，児童生徒が登校しないあるいはしたくともできない状況にあること（ただし，病気や経済的な理由によるものを除く）」と定義されました。そして，登校拒否（不登校）はどの子どもにも起こりうるものであり，学校は児童生徒にとって「心の居場所」となることが求められたのです。このときは，就学すべき学校の在り方が変わらなければならないというトーンで論じられました。

なお1991年度から，年間30日以上休んだ者を長期欠席とするようになり，さらに1998年度からは，統計上の長期欠席理由の「学校ぎらい」が，「不登校」に変更されました。各自治体が中学校にスクールカウンセラーを配置するようになったのもこのころからです。

＊8　小林正泰「戦後新学制下における長期欠席問題――文部省による問題把握と施策の分析」『学校教育研究』30，2015年，66～79頁ならびに保坂亨「不登校をめぐる歴史・現状・課題」『教育心理学年報』41，2002年，157～169頁を参照。

しかし，そのような対策を講じても問題が改善されずにいる中で，就学に対する考え方が次第に見直されていきました。2003年の「不登校問題に関する調査研究協力者会議報告」では，今後の不登校への対応の在り方が以下のように記されています。

> 不登校の解決の目標は，児童生徒が将来的に精神的にも経済的にも自立し，豊かな人生を送れるよう，その社会的自立に向けて支援することである。その意味においても，学校に登校するという結果のみを最終目標にするのではなく，児童生徒が自らの進路を主体的にとらえ，社会的に自立することを目指すことが必要である。

学校に登校することよりも社会的な自立を目指すことが，不登校の子どもにとって重要であることが確認されたのでした。就学義務を果たすために学校への復帰や適応を促すことよりも，一人ひとりの子どもにとって何が必要であるかが問われるようになったのです。

2　増え続ける不登校

以上のように，不登校（登校拒否・学校ぎらい）は1970代半ばから問題化し，1990年代になると本格的に対応が講じられるようになりました。しかし，それでも不登校は増え続け，就学に対する向きあい方が変化していきました。1991年の不登校（学校ぎらい）の数は小学校と中学校あわせて6万7,000人でしたが，2018年度の不登校数は16万5,000人で，1991年度の2.5倍に増えています。なお，この間に少子化が進行しましたから，その影響を差し引くために，全児童生徒数に対する不登校の割合を見ると，2つの時期の差はさらに大きくなります。図11－1に示したように，小・中学校合計で1991年の不登校の割合は0.47%でしたが，2018年度は1.69%と1991年の3.6倍に達しています。ちなみに2018年度の不登校のうち，中学生だけを見てみると，その人数は12万人，比率は3.65%です。これは中学生の27人に1人が不登校の状態にあることを意味します。

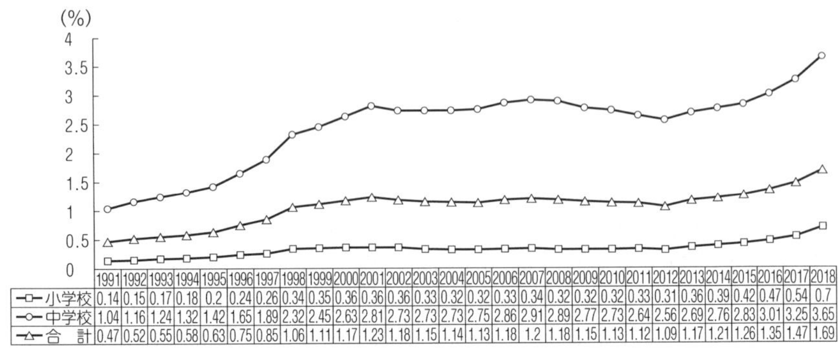

	1991	1992	1993	1994	1995	1996	1997	1998	1999	2000	2001	2002	2003	2004
─□─小学校	0.14	0.15	0.17	0.18	0.2	0.24	0.26	0.34	0.35	0.36	0.36	0.36	0.33	0.32
─○─中学校	1.04	1.16	1.24	1.32	1.42	1.65	1.89	2.32	2.45	2.63	2.81	2.73	2.73	2.73
─△─合　計	0.47	0.52	0.55	0.58	0.63	0.75	0.85	1.06	1.11	1.17	1.23	1.18	1.15	1.14

	2005	2006	2007	2008	2009	2010	2011	2012	2013	2014	2015	2016	2017	2018
─□─小学校	0.32	0.33	0.34	0.32	0.32	0.32	0.33	0.31	0.36	0.39	0.42	0.47	0.54	0.7
─○─中学校	2.75	2.86	2.91	2.89	2.77	2.73	2.64	2.56	2.69	2.76	2.83	3.01	3.25	3.65
─△─合　計	1.13	1.18	1.2	1.18	1.15	1.13	1.12	1.09	1.17	1.21	1.26	1.35	1.47	1.69

図11－1　全児童生徒数に対する不登校の割合

注：1）調査対象：国公私立小・中学校（小学校には義務教育学校前期課程，中学校には義務教育学校後期課程及び中等教育学校前期課程を含む）。

2）年度間に連続又は断続して30日以上欠席した児童生徒のうち不登校を理由とする者について調査。不登校とは，何らかの心理的，情緒的，身体的，あるいは社会的要因・背景により，児童生徒が登校しないあるいはしたくともできない状況にあること（ただし，病気や経済的理由によるものを除く。）をいう。

出所：文部科学省初等中等教育局児童生徒課「平成30年度　児童生徒の問題行動・不登校等生徒指導上の諸課題に関する調査結果について」2019年10月17日より筆者作成。

3　教育機会確保法の制定

不登校の増加に対し，さらにとられた対策が，教育機会確保法（義務教育の段階における普通教育に相当する教育の機会の確保等に関する法律）の制定です。2016年12月に成立したこの法律は，不登校などの長期欠席や不就学問題を教育機会の確保という観点から捉え直したものです。同法の基本理念は第３条に書かれていますが，不登校・長期欠席の問題を考えるうえで，ここには重要なことがいくつも指摘されています。

まず，第１号と第３号では，全児童生徒ならびに不登校の児童生徒に関し，安心して教育を十分に受けられるよう，学校における環境の整備が図られるようにすることが謳われています。この点は1990年代の不登校対策の考え方を踏襲していると読むことができます。

一方で，第２号には「不登校児童生徒が行う多様な学習活動の実情を踏まえ，個々の不登校児童生徒の状況に応じた必要な支援が行われるようにすること」と書かれています。これは，不登校の生徒の多様な学習活動の実情がふまえられるべきことを謳っているものです。そしてこれを受けて，同法は，不登校・長期欠席問題に対して，大きく2つの対策を提案しています。1つは「特別の教育課程に基づく教育を行う学校」，つまり不登校児童生徒のための特例校の整備です（第10条）。また，第13条では，「学校以外の場における学習活動等を行う不登校児童生徒に対する支援」が謳われました。そこでは，「個々の不登校児童生徒の休養の必要性を踏まえ，当該不登校児童生徒の状況に応じた学習活動が行われることとなるよう」に，不登校の児童生徒とその保護者に対して必要な情報の提供，助言その他の支援を行うために必要な措置を講ずることが謳われたのです。

このように，教育機会確保法は就学義務を前提としながらも，「休養の必要性」をふまえた，「状況に応じた」学習を認めています。また，就学先の学校の枠組みの中にも，特例的な教育課程による指導を認めました。

3　就学義務がない子どもの教育機会の確保

1　夜間中学校の設置

ところで，教育機会確保法の基本理念として，もう1つ重要なことは，義務教育の対象年齢を超えた人々や国民でない子どもの教育機会の問題に触れている点です。このことは，同法の第3条第4号に以下のとおり記載されています。

> 義務教育の段階における普通教育に相当する教育を十分に受けていない者の意思を十分に尊重しつつ，その年齢又は国籍その他の置かれている事情にかかわりなく，その能力に応じた教育を受ける機会が確保されるようにするとともに，その者が，その教育を通じて，社会において自立的に生きる基礎を培い，豊かな人生を送ることができるよう，その教育水準の維持向上が図られるようにすること。

上記の「その年齢又は国籍その他の置かれている事情にかかわりなく，その能力に応じた教育を受ける機会が確保されるようにする」という箇所が，就学義務がない子どもの教育機会の確保について触れられている部分です。この中で，「年齢にかかわりなく」というのは，学齢を過ぎた人の中にも義務教育段階の教育が十分に受けられなかった人がいるので，それらの人々にも十分な教育機会を確保しなくてはならないということを意味しています。

その具体策として，同法は「夜間その他特別な時間において授業を行う学校における就学の機会の提供」を提唱しています。これは夜間中学校の設置を求めたものです。夜間中学校とは，学齢を過ぎた義務教育未修了者や，外国籍の者で本国において義務教育が未修了の者，あるいは不登校などで十分な教育を受けられないまま中学校を卒業している者等に対して，中学校等で学び直すことを希望する者を受け入れ，教育機会の提供を行うものです。

2　外国籍の子どもの教育機会の確保

また，上記の条文の「国籍にかかわりなく」という点は，義務教育に相当する普通教育の機会を外国籍の子どもにも確保することを謳っているものです。本章の冒頭で指摘したとおり，日本国憲法第26条では，国民の教育を受ける権利と義務が規定されています。先ほどは，この国民とは誰を指すのかを説明しましたが，もう1つ重要なことは，ここには，教育を受ける権利の主体が国民だと書かれていることです。この文言をそのまま受け取れば，日本では，国民でない者，つまり外国籍の者は教育を受ける権利がないことになります。また，その保護者にも就学義務が課されていないことになります。

文部科学省はホームページで，この点について以下のとおり説明しています[*9]。

> 外国人の子の保護者については，学校教育法第16条等による就学義務は課されていませんが，国際人権規約及び児童の権利に関する条約を踏まえ外国人の子の就学の機会を確保する観点から，希望する場合には教育委員会等は公立義務教育諸学校への就学を認めることが望まれます。

外国人の子どもが希望すれば就学を認めるという立場で書かれており，積極

＊9　文部科学省ホームページ「小・中学校等への就学について」。https://www.mext.go.jp/a_menu/shotou/shugaku/index.htm（2021年8月17日閲覧）

的に彼らの教育機会を確保するという姿勢は見られません。政府のこのような態度のために，多くの外国籍の子どもが就学の確認がとれない状況に置かれています。外国人の子どもの教育問題を研究している宮島喬と太田晴雄も，「外国人に就学義務を課さず，彼らが就学しないことを事実上放任してきたこと，それが日本の特徴だといえるだろう」と指摘しています[*10]。国籍にかかわりなく義務教育に相当する普通教育を受ける機会を確保しなければならないとする教育機会確保法の条文は，こうしたこれまでの政府の見解を超えようとするもので，きわめて画期的な部分です。

なお，こうした動向を受けて，文部科学省は2019年９月になって，外国籍の子どもの就学状況について初めての全国調査を実施しました。そして，その結果，各自治体で多くの外国人の子どもの就学状況がしっかり把握できていないことがわかりました。学齢に相当する日本在住の外国籍の子ども約12万4,000人のうちのおよそ２万人が正規の学校にも外国人学校などにも在籍していない状況であり，その内訳は，保護者に面会するなどして不就学だと確認できた子が1,000人，戸別訪問時に親が不在などで就学状況を確認できなかった子が約9,000人，住民台帳に記載はあるが自治体が状況を確認していない子が約１万人に上りました。これらをふまえて文部科学省は「不就学の可能性がある」と指摘しています[*11]。

3　高校の中退と不登校

最後に16歳～18歳の就学をめぐる問題について見ておきましょう。先に述べたように，高校教育は義務教育ではありませんが，今の日本ではほぼ全員が高校に進学しているため，進学しないことには大きな不利益が伴います。しかし，高校では欠席過多は単位未修得につながり，通っていた高校を中途で退学しなければならなくなることもあります。

＊10　宮島喬・太田晴雄『外国人の子どもと日本の教育――不就学問題と多文化共生の課題』東京大学出版会，2006年，４頁。

＊11　「不就学２万人の可能性　外国人の子，文科省初調査」『朝日新聞』2019年９月28日。

この高校中退という問題が注目され始めたのは，高校進学率が90％を超えた1970年代半ば以降です。文部省は1982年度から高校中退についての統計を取り始めました。それから1990年代までは高校中退は恒常的に多く，毎年10万人から12万人に達していました。しかし，2000年ごろを境にしてその数は大きく減少し，2019年の中退者は4万2,882人となっています。

一方，高校の不登校調査は2004年から始まりました。中退者の減少と比べると，不登校はあまり減らず，統計が始まってから2019年までに1万7,000人ほど減っただけです。先に述べたように，高校で欠席が多い生徒は，中退となるおそれが生じます。その点からすると，不登校がそれほど減らないのに中退率が下がっているのは，不思議に思われるかもしれません。

この理由は，高校中退ということをよく理解するとわかってきます。高校中退とは在籍していた高校を辞めて，その後ずっとまたは一定期間高校に学籍がない状態にあることを言います。つまり，在籍した高校を辞めても，すぐに次の高校に転学できれば，中退とはみなされません。不登校が一定数いるのに中退が減り続けているのは，転学が増えているからだと考えられます。

その受け皿として近年伸びているのが，私立の通信制高校です。内田・濱沖は，2000年代後半以降，私立通信制高校が，それまで通っていた高校を辞めて転入や編入（いったん中退した後，再入学すること）する生徒の受け皿の役割を果たすようになったことを明らかにしています[*12]。中学生のときに不登校だった生徒にとっても，こうした高校は主要な進学先となっています[*13]。

4　すべての子どもの教育機会を保障するために

本章で最も考えたかったのは，すべての子どもの教育機会を十分なかたちで保障することの重要性です。法律で義務教育の対象としている子どもだけでは

＊12　内田康弘・濱沖敢太郎「通信制高校における中退経験者受け入れの推移に関する研究――中退率及び在籍者年制層の変遷を基にした一考察」『平成27年度日本通信教育学会研究論集』2016年，1～16頁。

＊13　酒井朗「高校中退の減少と拡大する私立通信制高校の役割に関する研究――日本における学校教育の市場化の一断面」『上智大学教育学論集』52, 2018年，79～92頁。

なく，それ以外の年齢の子どもの教育機会も，また日本籍以外の子どもの教育機会も，十分な保障が求められています。そして，そのためには，現行の義務教育制度をふまえながらも，それぞれの子どもに応じて柔軟に対応していかなくてはなりません。教育機会確保法は，そのような今日的な教育課題に対して基本的な方針を提示しています。今後はその具体的な対策をどのように講じるのかが問われています。

その際にはいくつかの問題にも留意しなければならないでしょう。たとえば，外国籍の子どもの教育を保障するという場合に，いまの日本の学校教育の在り方を前提として，そこに適応を求めることが望ましいのかは検討しなければなりません。多様な文化背景を持つ人々を前提にして公教育を運用する場合，そのカリキュラムはどうあるべきか，一人ひとりのアイデンティティや自己肯定感をどのようにして保持していくのか。

また，学校に通えないでいる子どもの多くには，経済的な問題がかかわっています。家庭の貧困と不登校の関係は見落とされがちですが，多くの研究者や実践家がそのことを指摘しています。中退問題も同様です。さらに，高校の転学が多くなっている中で，私立通信制高校の場合は学費の問題が絡んできます。より公的な支援の枠組みが充実される必要があると思われますが，現状は学齢を過ぎた人々への教育支援は私立学校に依存しています。こうしたさまざまな問題への対応の在り方も検討しつつ，いかにしてすべての子どもに十分な教育を受ける機会を保障するか。このことについて，私たちは真剣に考えていかなくてはなりません[*14]。

まとめ

本章では，さまざまな境遇にある子どもたちに対してどのように教育を受ける機会を確保できるかという観点から，日本の義務教育制度の特徴を概観したうえで，不登校や外国籍の子どもの不就学，高校中退など，子どもの教育機会をめぐる諸問題の現状を見てきました。

＊14　本章では 5 歳児についてあまり触れませんでしたが，幼児教育の重要性ならびに大半の子どもがいずれかの幼児教育施設に就園している状況をふまえれば，5 歳児についてもすべての子どもに対する教育機会をどのように確保していくかが問われていると考えていいでしょう。

さまざまな問題に対応するうえで，2016年に成立した教育機会確保法は大きな意味を有しています。この法律が投げかけたのは，すべての子どもの教育機会を十分なかたちで確保することの重要性です。教育関係者には，その趣旨をふまえて，これからの教育の在り方とその下での学校教育の役割を検討していくことが求められています。

さらに学びたい人のために

○保坂亨『学校を長期欠席する子どもたち――不登校・ネグレクトから学校教育と児童福祉の連携を考える』明石書店，2019年。

長期欠席の子どもの中には，貧困の中でネグレクトへと通じる「脱落型不登校」も多数います。本書はこうした子どもに対して学校教育と児童福祉が連携して支援していく必要性を指摘しています。

○小島祥美『外国人の就学と不就学――社会で「見えない」子どもたち』大阪大学出版会，2016年。

外国人の不就学の実態とその背景を詳細な調査結果に基づいてわかりやすく論じています。また，学齢を超過した外国人や就学前の外国人の問題にも目配りをしています。外国人の「不就学者ゼロ」の社会を目指そうとする著者の関心は，本章の議論に通じるものです。

○大多和雅絵『戦後　夜間中学校の歴史――学齢超過者の教育を受ける権利をめぐって』六花出版，2017年。

戦後の夜間中学校が，当初は学齢生徒を対象としたものが1970年代に学齢を過ぎた学校へと変化しその性格を転換させたことや，在籍する生徒が多様化してきたことを克明に解明した研究書です。教育機会確保法により再評価された夜間中学校を理解するうえで示唆に富んでいます。

第12章
マイノリティと学校教育

学びのポイント

- マイノリティ／マジョリティとは何かを理解する。
- 日本の学校文化の特質およびマイノリティと学校の関係性を理解する。
- マイノリティに対して，学校には何ができるのか（／できないのか）を考える。

WORK　外国につながりのある子どもたちと校則

外国から日本に来て間もない子どもが，学校にピアスをつけてきました。校則違反だと判断して注意をしたら，「これ（ピアス）は大事なものだから，はずしたくない」と言います。あなたが教員なら，どのように対応しますか。以下の点について考えてみましょう。

① ピアスをつけてきたことは問題なのか，問題だとすれば何が問題なのか。

② 具体的にどのように対応するべきか。

③ 日本の学校にあるルールで，日本人の子どもしか想定していないようなルールが，他にもないか。

導　入

日本の学校には「子どもは日本人である」という想定でつくられたルールが少なくありません。しかし，「日本人」とは何でしょうか。そして本来，さまざまな背景を持った子どもたちを受け入れなければならないはずの学校が，「日本人」だけを想定してルールをつくっていいのでしょうか。本章では，在日朝鮮人，外国につながる子どもたち，沖縄やアイヌ，被差別部落の人々といった，日本で周辺化されてきた存在（マイノリティ）と学校の関係について検討することで，現代日本の学校の問題点や課題を考えます。

1　マイノリティ／マジョリティとは何か？

本章のキーワードである「マイノリティ」という言葉について考えることから始めましょう。マイノリティとは英語で「少数」や「少数派」という意味です。「多数」や「多数派」を意味するマジョリティという対義語があります。具体的にはなんらかの集団を指して使用されることが多く，その意味では「マイノリティ・グループ」と言った方がいいかもしれません。先に述べた外国籍の子どもや「日本語指導が必要な」子どもたちは，日本の学校におけるマイノリティと言うことができるでしょう。

気をつけなければならないのは，マイノリティという言葉には，単に数が少ないということにはとどまらない意味が込められるということです。女性を例に考えてみましょう。女性は，数的には男性とほとんど変わりません。しかし日本社会の慣習やルールは男性を中心に組み立てられており，男性を「標準」，女性を「非標準」として扱うことが少なくありません。そういう意味では，日本社会において女性はマイノリティと言えます。つまり，マイノリティの人々とは，少数であるだけでなく，標準的でないとされ，劣位な立場に置かれている存在なのです。

社会学者の岸政彦の文章を手がかりに，もう少し考察を深めてみましょう[*1]。

> マイノリティであるということは，果てしない自己への問いかけという「アイデンティティの状態」にあるということである。マジョリティであるということは，世俗的で日常的な課題が次々と生起する複雑なゲームの規則そのものとなり，自己について問われることを免除された状態にあるということである。

ここで言う「ゲーム」とは，私たちが日常の中で関わらざるをえない争いのことです。争いと言うと少し大げさかもしれませんが，教科の点数をめぐって，クラスの地位をめぐって，服装のセンスをめぐって，異性からの人気をめぐって，教室の中でもさまざまなゲームが展開されています。それらのゲームに関与する際，マジョリティの人々は，「なぜそうなっているのか？」といちいち問わずにいられますが，マイノリティの人々は，つねに「自分は何者か？」と問わざるをえない，というわけです。たとえば，異性愛が前提とされているこの社会では，異性愛者は何も考えずに恋愛というゲームに没頭できますが，同性愛者は「自分とは何者か？」を問わずにそのゲームに取り組むことはできないでしょう。

このように考えるならば，マイノリティとは，少数であるかないかにかかわらず標準的でないとされ，劣位な立場に置かれていることによって，「自分とは何者か？」という問いに向き合わざるをえない人々です。逆に，マジョリティは，そうした問いを免除されている人々と言うことができるでしょう。

なお，女性や LGBT，障害者などもマイノリティですが，本章では，外国につながりのある子どもの問題，アイヌ・沖縄の問題，被差別部落の問題を取り上げます。女性や性的少数者（セクシュアル・マイノリティ）については，第13章を参照してください。

2　近代日本とマイノリティ

日本には，さまざまなマイノリティ問題があります。本節では，日本人ではない存在として位置づけられるマイノリティである外国につながりのある子ど

＊1　岸政彦『同化と他者化——戦後沖縄の本土就職者たち』ナカニシヤ出版，2013年，401頁。

もの問題，日本人の境界としてのマイノリティであるアイヌ・沖縄の問題，日本人内部のマイノリティ問題である部落問題を具体的に説明していきます。

1 非日本人としてのマイノリティ：オールドカマー／ニューカマー

日本には数多くの外国につながりのある子どもが住んでいます。外国につながりのある子どもたちが日本の学校にどれほど在籍しているのかを具体的に見てみましょう。図12－1は，文部科学省が行っている「学校基本調査」および「日本語指導が必要な児童生徒の受入状況等に関する調査」の数値をもとに作成しました。折れ線は公立学校[＊2]に通う外国人の子どもたちの総数の経年推移を示しています。これを見ると，2012年頃から徐々に増えており，2018年度には９万人を超えていることがわかります。これは公立学校に通う全児童生徒の約0.8％にあたります。

次に棒グラフに目を転じてみましょう。棒グラフは「日本語指導が必要な児童生徒」の数を示しています。この数も年々増加傾向にあり，2018年度には４万755名となっています。母語の内訳は，ポルトガル語25.5％，中国語23.8％，フィリピノ語19.4％，スペイン語9.3％，ベトナム語4.5％，英語2.7％，韓国・朝鮮語1.5％，その他の言語13.2％となっています。このように見ていくと，日本にもさまざまな言語を母語にしている子どもたちが学校に通っていることに気付かされます。また，「外国人児童生徒」の数と比べると，その数は約３分の１程度なので，外国人児童生徒のすべての人が日本語指導を必要としているわけではないということもわかります。

ただし，「外国人児童生徒」と「日本語指導が必要な児童生徒」の定義に気をつけなければなりません。ここで言う「外国人」とは，「日本国籍を持っていない者。二重国籍者は日本人として計上[＊3]」とされています。したがって，た

＊2 『平成30年　学校基本調査』を参考にした数値で，ここで言う公立学校とは，公立の小学校・中学校・高校（全日制・定時制）・特別支援学校・義務教育学校・中等教育学校のことである。

＊3 文部科学省「学校基本調査――用語の解説」。https://www.mext.go.jp/b_menu/toukei/chousa01/kihon/yougo/1288105.htm（2019年３月18日閲覧）

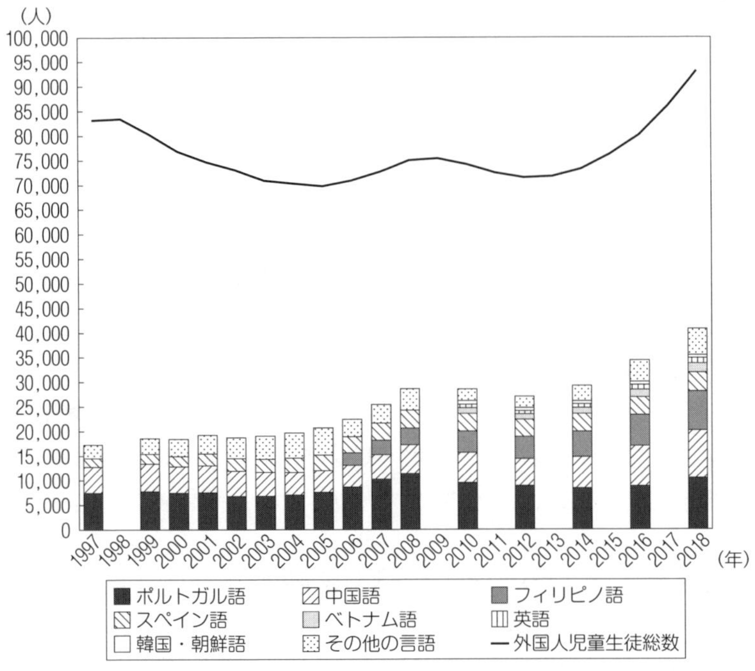

図12－1　外国につながりのある児童生徒数の推移

注：折れ線グラフは公立学校に通う外国人児童生徒数，棒グラフは日本語指導が必要な児童生徒数とその母語の内訳を示す。

出所：文部科学省「学校基本調査」1997～2018年，「日本語指導が必要な児童生徒の受入状況等に関する調査」2018年。

とえば国際結婚によって生まれて日本国籍を持つ子ども等は含まれていません。他方，「日本語指導が必要な児童生徒」は，「日本語で日常会話が十分にできない児童生徒」及び「日常会話ができても，学年相当の学習言語が不足し，学習活動への参加に支障が生じており，日本語指導が必要な児童生徒[*4]」のことです。この場合，日本語の運用能力の問題ですので，日本国籍でも海外での生活が長かった子どもが含まれますし，逆に，外国籍であっても学習していくうえで日本語に支障がない子どもは含まれません。

＊4　文部科学省「日本語指導が必要な児童生徒の受入状況等に関する調査（平成28年度）の結果について」。 https://www.mext.go.jp/b_menu/houdou/29/06/__icsFiles/afieldfile/2017/06/21/1386753.pdf（2019年 3 月18日閲覧）

定義について考えると，「外国につながりのある子ども」といっても，その内実はさまざまであることがわかります。外国籍であっても日本語を問題なく話せる子どももいれば，日本国籍であっても日本語指導が必要な子どももいます。本節で「外国につながりのある子ども」と言っているのは，このような事情を考慮しているからなのです。さらに近年では，「移民」という用語で彼ら彼女らの存在をより積極的に捉えようとする研究もあります[*5]。

日本で暮らしている外国につながりのある子どもを理解するための初歩的かつ重要な概念が，「オールドカマー」と「ニューカマー」です。オールドカマーとは，第二次世界大戦中に日本が植民地にしていた朝鮮半島，中国，台湾から日本に渡り，生活してきた人々およびその子孫です。他方，ニューカマーとは，1970年代後半以降に日本に居住することになった外国人で，とりわけ1990年代初頭の出入国管理及び難民認定法の改定後に増加しました。現在学校に通っているオールドカマーの多くは3世や4世ですので，生活・学習していくうえで日本語の運用能力に困難を抱えているケースは多くはありません。したがって，上記の「日本語指導が必要な児童生徒」の多くは，ニューカマーの子どもや，ニューカマーと日本人との間に生まれた子どもと考えてよいでしょう。ただし，日本語に問題を抱えていない場合でも，第1節で述べた「自分とは何者か？」という問題，すなわちアイデンティティに関わる問題を抱えざるをえません。外国人と教育の問題を考える場合には，言葉の問題だけではないということを認識しておくことが重要です。

2　日本人の境界としてのマイノリティ：沖縄・アイヌの問題

「日本」や「日本人」とは何か，と問うことは，普段あまりないかもしれません。しかし現在ある国境は，日本の近代化の過程のなかで定められたものであり，それほど古いものではありません。日本の南北に位置づく沖縄県と北海道に着目するとそのことがよくわかります。

＊5　額賀美紗子・芝野淳一・三浦綾希子（編）『移民から教育を考える——子どもたちをとりまくグローバル時代の課題』ナカニシヤ出版，2019年。

現在の沖縄県は，かつて「琉球王国」として中国等と自律的に貿易を行う１つの国でした。それが1872年，明治政府によって日本へと併合され，その後1879年に沖縄県と改名されることになりました。日本が琉球を併合したことは，それが強権的になされたことから，「琉球処分」と呼ばれています。

１つの国として成立していたということは，そこに独自の言語，法，風習等があったことを意味します。日本は，琉球の人々を「日本人化」するために，とりわけ教育に力を入れました。沖縄県となった翌年には，学校教員を養成するための師範学校を設け，小・中学校をつくりました。そしてそこでは，日本語を標準語とした「会話」科，天皇への忠誠を育成するための「修身」，沖縄人が古代から「日本人」であったことを強調した歴史教育等が行われました。

当時の学校教育を象徴するものが，「方言札」です（図12－2）。方言札とは，標準語を普及させるために学校で用いられた教育手段で，方言を使用した子どもの首に掛けさせた札のことです。方言札を掛けさせられた子どもは，次に別の子が方言を使うまで掛けさせられました。次の文章は，1935年に，ある小学校の学校記念誌に掲載されていたものです[＊6]。

> 共通語奨励ということで，「方言札」というのがありました。授業時間以外は方言ばかりでしたので，方言を使うと方言札を首にかけなければなりませんでした。それを外すためには，方言を使う人を探すか，わざとイタズラをして相手に渡したものです。足を踏んで，「アガ！」といわすために子供なりに工夫もしました。探すことができないと放課後まで首にかけ，帰りに先生に渡し，翌日首からかけるという毎日でした。

このように，異なる言語・風習があった琉球に対して，日本は学校教育を通じてそれらを否定し，「日本人化」を推し進めました。

琉球を併合した日本の意図は，当時の敵対国・清との戦争を有利に進めるためでした。そのことから，沖縄は「帝国の南門」と呼ばれていました。それに対して，北海道は，当時の敵対国であるロシアとの関係において重要な地とな

＊6　近藤健一郎「近代沖縄における方言札の実態――禁じられた言葉」『愛知県立大学文学部論集国文学科編』53号，３～14頁，2005年。

図12－2　方言札
出所：喜宝院蒐集館所蔵。

るために「帝国の北門」と通称されました。その際，琉球と同様に，北海道の先住民アイヌを「日本人化」するための試みがなされました。

ただし，ほとんど「日本人」が住んでいなかった沖縄とは異なり，北海道にはすでに本土から移り住んだ大量の植民者がいました。そうした植民者は「日本人」ですから，「日本人化」する必要はありません。北海道の場合には，「日本人」を大量に送り込むことで，北海道を「日本」にしようとしたわけです。このような事情から日本政府は，アイヌに対しては，沖縄ほどに「日本人化」するための教育を積極的に行おうとはしませんでした。たとえば，「日本人化」に舵を切った沖縄の場合，政府は教科書を無償で配布しましたが，アイヌの場合には，「貧困」でない限り，それを有償としました。言いかえれば，沖縄を「日本」にするためには，そこに住む人々の言語や慣習を否定し「日本人化」する必要があったわけですが，アイヌの場合には，大量の植民者を北海道に送ることでアイヌの人々から土地を奪うことができたので，積極的に学校教育を行う必要がなかったわけです。[*7]

このように日本の境界という視点から琉球とアイヌに着目すると，学校教育

＊7　ここの記述は，多くを下記の文献に依っている。小熊英二『〈日本人〉の境界――沖縄・アイヌ・台湾・朝鮮　植民地支配から復帰運動まで』新曜社，1998年。

というものがいかにマジョリティの武器となり，マイノリティにとってはそれが抑圧の装置となっているかがわかります。

3　日本内部のマイノリティ：被差別部落の問題

日本人の中にも差別されてきた人々はいます。その１つが被差別部落の人々です。部落差別は近世にあった身分制度に由来する差別です。近世の賤民身分とされた人々は，特定の地域に居住し，他の身分との結婚を禁止され，食肉や皮革といった「穢れ」に関わる職業に従事しているとされていました。近世においても，部落内外の人の流入出，部落内外での結婚，「穢れ」に関わらない職業に従事する部落などはありましたが，近年になればなるほど部落内外の境界は曖昧になり，現在では，「誰が部落民か」ということ自体，明確ではありません。しかし，それでも部落に対する差別は続いています。

1871年のいわゆる「賤民廃止令」によって，賤民身分は平民に組み込まれることになり，制度的には平民と同様の身分になりました。しかし，それによって差別がなくなるわけではありませんでした。「賤民廃止令」の趣旨に反対する一揆が各地で起こり，部落民が殺害されることもありました。また，就職差別や結婚差別は現在まで根深く残り続けています[＊8]。

教育という観点から見てみても，部落の子どもたちは，厳しい状況におかれました。日本の近代学校制度が始まったのは学制が発布された1872年で，明治の終わりごろには就学率が９割を超えました。しかし，当時の部落の子どもたちは，学校で教師や級友からあからさまな差別を受けたり，学校によっては，部落の子どもだけの「部落学校」を設置したり，別教室で学ばせたりすることもありました。そのような中で，部落の子どもたちの就学が部落外の子どもたちに比べて困難だったことは想像に難くありません。

戦後になっても，部落の子どもたちの長期欠席率は相対的に高い状態にありました。たとえば1951～52年の奈良県では，小学校の長期欠席率が部落外の子

＊8　齋藤直子『結婚差別の社会学』勁草書房，2017年。

どもたちでは0.2%であったのに対して，部落の子どもたちでは7.7%でした。中学校の長期欠席率では，部落外の子どもたちが2.7%であるのに対して，部落の子どもたちは35%でした。[*9] 1960年代に入ると，高度経済成長を背景にして，部落の人々の生活水準も改善し，長期欠席率は低下していくことになります。しかし，それでも高校進学率の低さ，高校中退率の高さ，学力水準の低さなどに部落内外の格差は顕著に表れており，現在でも部落の子どもたちの教育問題は解消したとは言えません。[*10]

とはいえ，そうした部落の子どもたちの教育問題に対する対応が何もされてこなかったわけではありません。戦後に限ってみても，1953年には同和教育に取り組もうとする人々が集まって全国同和教育研究協議会（全同教）が結成されました。[*11] また，1965年には同和対策審議会答申が出され，1969年には同和対策事業特別措置法が成立し，教育水準の向上が同和問題解決の重要な要素であることが示されました。そうした流れの中で，同和地区の子どもたちの学力・進路保障を重要な課題として掲げた同和教育運動が全国各地に広がっていきました。

同和教育運動が学校教育に与えた影響は小さくありません。後述するように，同和教育運動を支えた教師たちの実践が今に引き継がれ，優れた教育実践を生み出しています。また，そうした運動は，決して同和地区に住む子どもたちだけに恩恵を与えたわけでもありません。そのわかりやすい例として，教科書の無償化があります。今の小・中学校では教科書が無償となっていますが，それは部落の子どもたちの不就学が深刻であった1950年代に，学校に行けても教科書やノート，文具を用意できない部落の子どもたちの現状を出発点とした，教科書無償化闘争が背景にあります。そのように考えれば日本の学校に通ってい

＊9　森実『知っていますか？　同和教育　一問一答　第2版』解放出版社，2004年。

＊10　高田一宏『ウェルビーイングを実現する学力保障――教育と福祉の橋渡しを考える』大阪大学出版会，2019年。

＊11　「同和」とは行政上の用語で，部落のことを行政では「同和地区」という。「同和」という語は戦時下の翼賛体制のもとでの融和政策を起源とするために，戦後は，「同和教育」ではなく「民主教育」や「解放教育」といった言葉が使われることもあったが，現在は「同和教育」が最も定着している。（高田一宏「部落問題と教育」志水宏吉（編）『社会のなかの教育』岩波書店，2016年，229～257頁）。

る人であれば誰しもが，同和教育運動の恩恵を受けていると言っても過言ではないでしょう。

3 マイノリティと学校教育

前節では，日本におけるマイノリティ問題を具体的に見ていきました。本節では，具体的な問題をふまえ，マイノリティと学校教育の関係を考えていきましょう。

1 「同化と排除の文化装置」としての近代学校

前節でのマイノリティ問題の転機の多くが，19世紀末，すなわち，1800年代から1900年代に移り変わろうとする時期に起こっていることに気付いたでしょうか。賤民を平民へと組み入れた「賤民廃止令」は1871年，日本が琉球王国を併合したのは1872年，日本人が北海道に植民した時期もそのころです。そして，日本の近代学校の法的根拠となる学制が発布されたのも1872年です。このように，マイノリティと教育の問題を考えるうえで重要な出来事が19世紀末に集中しているのは偶然ではありません。なぜなら，19世紀末という時代は，日本が近代国家としての道を歩み始めた時期だからです。

近代国家としての「日本」は，各地に学校を設立し，「国民＝日本人」を形成しようとしました（学制の発布）。それは，それまでの身分制度を否定するものでもありました（賤民廃止令）。他方，領土を拡大するために，アイヌから土地を奪って北海道を「日本」にし，沖縄人を「日本人」にする教育を行い，沖縄を「日本」にしました（琉球処分）。そして，そうした流れの中で日本が植民地にしていった，台湾，朝鮮，中国から多くの人が渡日してきました（オールドカマー）。前節で説明してきたマイノリティの人々は，近代国家を形成する際に「日本」あるいは「日本人」の境界をめぐる動きに翻弄されてきた人々なのです。

このようにマイノリティと教育の関係性を整理すると，教育からの排除と，教育による排除という2つの排除が浮かび上がります。

教育からの排除とは，文字どおり，教育制度から排除された状態のことを指します。日本の学校制度において，この排除の状態に置かれたわかりやすい例が，外国籍の子どもたちです。なぜなら，日本の憲法において教育に関する権利・義務が与えられる範囲が「国民」に限られてしまっているからです。[*12]このことは，日本が批准している「経済的，社会的及び文化的権利に関する国際規約（A規約）」や「児童の権利に関する条約」において，すべての子どもの権利保障が謳われていることから考えても，明らかに問題があります。近年では，文部科学省が『外国人児童生徒受入れの手引き』(2011年）において方針を示していますし，『義務教育の段階における普通教育に相当する教育の機会の確保等に関する基本方針』(2017年）には，国籍にかかわらず教育機会を保障しなければならないことが明記されており，前進している兆しもあります。とはいえ，まだまだ課題は山積しており，外国籍の子どもの不就学問題は，その象徴と言えるでしょう。

このような法的障壁を乗り越えて学校に通うことができたとしても，教育からの排除は生じます。その顕著な例は，戦前期の部落の子どもたちでしょう。部落の子どもたちは，賤民廃止令が出されて学校で教育を受けられるようになった後でも，教員や級友たちから差別を受けたり，貧しい状態から学校に通うことができなかったりしました。法的には教育を受ける権利を保障されていたにもかかわらず，事実上，教育から排除されていたわけです。

それに類似した現象は，近年の日本の学校でも生じています。日本の学校では，同じ物を所持し，同じ服装をし，同じ行動をすることを求められますが，このような学校文化のあり方を，恒吉僚子は「一斉共同体主義」と呼びました。[*13]「一斉共同体主義」の学校では，外国からきた子どもたちは適応できなくなってしまうことが少なくありません。さらに言えば，そうした明らかに集団レベ

---

*12 日本国憲法第26条は次の通り。「すべて国民は，法律の定めるところにより，その能力に応じて，ひとしく教育を受ける権利を有する。／すべて国民は，法律の定めるところにより，その保護する子女に普通教育を受けさせる義務を負ふ。義務教育は，これを無償とする」。

*13 恒吉僚子「多文化共存時代の日本の学校文化」堀尾輝久他（編）『学校文化という磁場』柏書房，215～240頁。

ルの問題（国による慣習や文化の違い）を個人レベルの問題（個性，パーソナリティ）に還元して理解してしまうこと（＝問題の個人化）も，日本の学校文化の特徴だと恒吉は指摘しています。恒吉がこの問題を指摘したのは今から20年以上前ですが，現在でも十分リアリティのある指摘であり，問題はまだ解決されていません。

以上が教育からの排除だとすれば，教育による排除もあります。同化と言ってもいいかもしれません。その典型が沖縄です。沖縄の人々は，「日本人化」するために行われた学校教育によって，独自の言語，慣習を奪われました。こうした点から言うと，学校はマイノリティをマジョリティに同化させるための装置となってしまっています。

「一斉共同体主義」との関連で言えば，学校においてマイノリティは，排除か同化かの選択を迫られていると言ってもいいかもしれません。「一斉共同体主義」の中に飛び込んでマジョリティに同化するか，その場から撤退するか。志水宏吉は，このような学校の果たしてきた役割をふまえ，学校を「同化と排除の文化装置」と呼びました。[*14]

2　学校は何をするべきか――「公正を実現するための文化装置」に向けて

それでは，いったい学校教育は，マイノリティとどのように向き合えばよいのでしょうか。最後にそのことについて考えましょう。確かに学校にはこれまで見てきたように影の側面もあるのですが，同時に，人々の権利を保障するという光の側面もあります。学校を「同化と排除の文化装置」ではなく，「公正を実現するための文化装置」とするにはどうしたらいいのでしょうか。

ここで重要なのが，誰に対しても形式的に同じように対応するだけでは「公正」とは言えないという点です。たとえば，つい最近，外国から日本にきて日本語がほとんど理解できない子どもに対して，他の日本で長く暮らしてきた子

＊14　志水宏吉「学校＝同化と排除の文化装置――被差別部落民の経験から」井上俊他（編）『岩波講座　現代社会学　第12巻　こどもと教育の社会学』岩波書店，1996年，57～77頁。

どもたちと同じように扱い，同じように成績をつけることは「公正」と言えるのでしょうか。言えないでしょう。その外国からきた子どもは，その子の母語なら，授業内容を理解し，良い成績をとることができたかもしれません。このような例から明らかなように，「公正」という場合には，単に同じように扱うという以上の意味があります。では「公正とは？」「真の平等とは？」と問われるとなかなか難しい問題ではありますが，少なくとも，一人ひとりの特性や能力に応じて適切な教育資源（教材，教具，教える言語など）を投入していくことは，形式的に同じように扱うよりはるかにマシだとは言えるでしょう[*15]。

日本の学校は，「一斉共同体主義」的な性格から明らかなように，すべての子どもを画一的に扱う傾向がありますが，それは「公正」とは言えません。「同化と排除の文化装置」となってしまっているとさえ言えるでしょう。

しかし，日本においても，学校を「公正を実現するための文化装置」にするための努力が全くなされてこなかったわけではありません。それを示したのが「効果のある学校」研究です。

前節で部落内外の学力や進学率の格差がなかなか埋まらないということを述べました。そうしたことからわかるように，学校は学校外にある不平等をそのまま再生産してしまう傾向があります。しかし例外的に，学校外にある不平等（たとえば人種や社会階層による格差）を是正し，学力格差を克服している学校があります。それが「効果のある学校」です。もともと「効果のある学校」研究はアメリカで始まったのですが，志水らは，学力調査を通じて日本にも「効果のある学校」が存在することを見出しました。その他の学校が塾に通っている子どもと通っていない子どもで学力格差が開いているのに対して，その学校では，そうした格差がなく，塾に通っている子も通っていない子もいずれも高い学力水準にありました[*16]。ちなみに志水らが見出した「効果のある学校」は，同和教育運動の影響を強く受けた学校でした。したがって，「効果のある学校」

＊15　「平等」について考察を深めたい人には次の文献を推薦する。アマルティア・セン，池本幸生・野上裕生・佐藤仁（訳）『不平等の再検討――潜在能力と自由』岩波書店，2018年。

＊16　志水らの研究は，「効果のある学校」から「力のある学校」へと展開している。志水宏吉（編）『「力のある学校」の探求』大阪大学出版会，2009年。

の存在は，同和教育運動の意義の再発見でもありました。

「効果のある学校」は，どんな社会的背景を持った子どもにも高い学力を身に付けさせるという点で一定程度公正を実現している学校と言えますが，学校ができることは，子どもに学力を身に付けさせることだけではありません。J. A. バンクスは，生徒がより平等で，正義に根ざした社会を目指す市民の育成を目的とした多文化教育について，次の3つのアプローチに整理しています[*17]。

第一に，カリキュラム改革です。学校のカリキュラム内容に，マイノリティの歴史や経験を追加したり変更を加えたりすることなどが考えられます。琉球の人が学校教育に言語や慣習などを奪われたように，学校教育は，ともすればマジョリティによってつくられた一方的なカリキュラムを押し付けます。学校をより公正な場にするためには，カリキュラム自体を，マイノリティの視点から見直す必要があるというわけです。

第二に，マイノリティ集団の学力水準を高めるアプローチです。「効果のある学校」がまさにそれに当たります。

第三に，マイノリティ集団に対して子どもたちの肯定的な態度を育んだり，マイノリティの子どもたちが自分たちの文化により肯定的な態度を持てるようにする，集団間教育というアプローチがあります。たとえば人種的に統合した学校を設立したり，自文化とは異なる集団とともに学ぶ授業を展開してみたりすることが考えられます。

これらのアプローチは，どれか1つを選ぶのではなく，すべてのアプローチを組み合わせて実践していくことが重要です。要するに，マジョリティだけではなくマイノリティの視点も取り入れたカリキュラム編成にするとともに，そうしたカリキュラムのもとで獲得できる知識や態度の格差を是正し，さらに，さまざまな集団が交流し合えるような学校にしていくことが，学校が「公正を実現するための文化装置」になるための道なのです。

＊17　ジェームズ・A・バンクス，平沢安政（訳）『入門　多文化教育——新しい時代の学校づくり』明石書店，1999年，17～21頁（Banks, J. A.（1999）*An Introduction to Multicultural Education,* Pearson Education Company）。

まとめ

かつて同和教育は「そっとしておけば差別は自然となくなるのに」と批判されることがありました。「寝た子を起こすな」というわけです。しかしインターネットが普及した現在，そうした批判がいかに楽観的であったかがわかります。今でもインターネット上には，オールドカマーや部落の人々に対する差別や偏見に満ちた書き込みがあふれています。また，日本に住む外国につながりのある子どもは増加の一途をたどっています。その中には，必ずしも日本に定住するわけではなく，母国と日本を往還しながら大人になっていく子どもたちも多くいるために，日本への定住を前提にした教育を見直す時期に来ています。このように現代的なマイノリティ問題が生起する中で，公正な社会を実現するために学校が果たす役割は，かつて以上に重要になっていると言えるでしょう。

さらに学びたい人のために

○温又柔『真ん中の子どもたち』集英社，2017年。

日本，台湾，中国，複数の国にさまざまなつながりをもつ若者たちが，「母語」とはなにか，「国」とはなにか，といった問題に向き合う過程を描いた小説です。マイノリティは，そうした問題に向き合わざるをえない状況に置かれていることが痛いくらい身に染みます。

○志水宏吉ほか「マイノリティと教育」『教育社会学研究』第95集，2014年，133～170頁。

「同和問題」「障害者」「外国人」という3つのマイノリティ集団についての文献を整理している論文です。それぞれのマイノリティ集団に関する近年の研究動向がわかりやすく示されています。インターネットで，無料でダウンロードできます。

○園山大祐（編）『岐路に立つ移民教育――社会的包摂への挑戦』ナカニシヤ出版，2016年。

移民や難民に対するさまざまな国の教育施策が紹介されているため，日本の外国につながりのある子どもたちへの教育施策にどのような特徴があるのかを各国との比較から考えることができます。

第13章

ジェンダーと教育

●●● 学びのポイント ●●●

- ジェンダーの概念を説明することができる。
- 学校教育のなかに潜むジェンダーの社会化過程について，具体的な事例を用いて説明することができる。
- ジェンダーの問題を女性と男性の両方の立場から考えることができる。
- ジェンダーの問題を性別二元論的な視点から脱却し，多様な性のあり方という観点からも考えることができる。
- ダイバーシティの視点から，これからの学校教育のあり方を考えることができる。

WORK　中学生，高校生が将来なりたい職業

この表は，日本全国の中学生，高校生たちに対して，将来なりたいと思う職業について聞いた結果を男女別に集計し，順位付けしたものです。

中高生の将来なりたい職業（上段：中学生，下段：高校生）

順位	中学生・男子	順位	中学生・女子
1	野球選手	1	保育士・幼稚園の先生
2	サッカー選手	2	タレント・芸能人（俳優・声優・お笑い）
3	タレント・芸能人（俳優・声優・お笑い）	3	ケーキ屋・パティシエ
4	学校の先生	4	看護師
5	調理師・コック（調理者）	5	マンガ家・イラストレーター
6	研究者・大学教員・科学者	6	デザイナー・ファッションデザイナー
7	医師	7	動物の訓練士・飼育員
7	公務員（教育・警察等除く）	8	理容師・美容師
9	ゲームクリエイター・ゲームプログラマー	9	学校の先生
10	コンピューータープログラマー･システムエンジニア 大工	10	医師

順位	高校生・男子	順位	高校生・女子
1	学校の先生	1	保育士・幼稚園の先生
2	公務員（教育・警察等除く）	2	学校の先生
3	研究者・大学教員・科学者	3	看護師
4	医師	4	薬剤師
5	コンピューータープログラマー･システムエンジニア	5	理学療法士・臨床検査技師・歯科衛生士
6	警察官	6	公務員（教育・警察等除く）
7	薬剤師	7	医師
8	タレント・芸能人（俳優・声優・お笑い）	8	タレント・芸能人（俳優・声優・お笑い）
9	理学療法士・臨床検査技師・歯科衛生士	9	栄養士
10	技術者・エンジニア 法律家（弁護士・裁判官・検察官）	10	カウンセラー・臨床心理士

出所：ベネッセ教育総合研究所「第2回子ども生活実態基本調査」2009年より。

① 中学生，高校生の「なりたい職業」について，男女別の特徴を話し合ってまとめてみましょう。

② なぜ，男女によって「なりたい職業」が違っているのでしょうか。その理由を考えてみましょう。

導 入

建設現場で働く女性，保育園で保育士をしている男性，大企業の部長としてたくさんの部下の指示にあたっている女性，専業主夫として家庭を守り，育児に奮闘する男性，女性同士で一生を共にしていくことを誓ったカップル，女性の体を持ちながら，男性としての心を持って生きている人々……。

みなさんはこうした人たちについて，どう感じるでしょうか。そして，このような人々は，現代社会の中で，どのように生きているのでしょうか。

本章では，ジェンダーと教育の問題をとおして，私たちが無意識のうちに思い込んでいる性や性別についての「当たり前」を問い直していきたいと思います。

1 「女らしさ」と「男らしさ」

「男性は外で働き，女性は家庭で家事や育児をする」。このような，性別による役割分担の考え方は，一般的に「性別役割」と呼ばれています。この背後には，「男性は外で働き，女性は家庭で家事や育児をする“べき”」という，社会から期待されている「望ましさ」が存在しています。女性が社会に進出し，男性も家事や育児に参加することが珍しくなくなった現代にあっては，こうした「男性は外，女性は家庭」といった考えは，一見，昔の古臭いもののように思えるかもしれません。しかし，「女の子は“女子力”が高くないと……」とか，「デートのときにワリカンにする男性ってちょっと……」などという意見は，今でもよく耳にするのではないでしょうか。

この女子力問題，ワリカン問題について少し考えてみましょう。

そもそも「女子力」の中身とは何なのでしょうか。「女子力」の定義として，一般的に「気配りができる」「片付けができる」「面倒見が良い」「料理が上手」「清潔感のある服装をしている」「しぐさや行動がかわいらしい」などが挙げられます。いわゆる私たちがイメージする「女らしさ」の総体を示すものといってもいいでしょう。一方，「デートの時にワリカンする男性って……」といったケースの場合には，（男女のカップルのケースが想定されますが）お金のかかる場面においては，男性が女性よりも多くの経済的負担をするべきである，といった暗黙の規範が存在しています。それゆえ，女性に多くの経済的負担をさせ続けた場合には「男らしくない」とのそしりを受けてしまいますし，男性のほうも「男性である自分が支払う」といった意識を持つのではないでしょうか。

この2つの例から考えてみると，単なる「女子力」「デートの際のワリカン」といった問題ではなく，その根底にある「女らしさ」「男らしさ」といった性別による「らしさ」の問題に行き着きます。そして，こうした「女らしさ」「男らしさ」の裏側には，「家庭を守り，子どもを産み育て，家族のために家事育児をする女性」「家族のために一家の大黒柱として外で働いて稼いでくる男性」といったように，冒頭で説明した「性別役割」といったものが存在していることにみなさんも気付いていただけたのではないでしょうか。「男性は外で働き，女性は家庭で家事や育児をする」といった一見，古臭いように思える性別役割についての考え方は，実は私たちの身近なところに未だに埋め込まれ，私たちの意識の中に根付いているのです。

2　学校教育とジェンダー

学校教育は，基本的には男女平等とされています。平成18年に改正された教育基本法においては，第2条（教育の目標）第3号に「正義と責任，男女の平等，自他の敬愛と協力を重んずるとともに，公共の精神に基づき，主体的に社会の形成に参画し，その発展に寄与する態度を養うこと」，第4条（教育の機会均等）第1項に「すべて国民は，ひとしく，その能力に応じた教育を受ける機会を与えられなければならず，人種，信条，性別，社会的身分，経済的地位又は門地によって，教育上差別されない」と明記されています。しかし，実際の学校教育の中には，性別による「らしさ」に基づく「男子」と「女子」に対する処遇の違いがあらゆる場面において見受けられます。

1　ジェンダーとは何か

まずは「ジェンダー（gender）」という概念について考えてみましょう。ジェンダーとは，身体的な見た目や機能，遺伝子といった生物学的な「性別（sex）」とは異なる概念で，単純に「女性」「男性」を意味するものではありません。ジェンダーとは，その社会が女性／男性に対して期待する役割や振る舞いといったものを指しています。生まれついての生物学的な性別によって固定されている役割というよりは，私たちが所属する社会が女性や男性に対して，「（女なんだから／男なんだから）こうあるべき」といったように，性別による役割や振る舞い方を要請しているものです。「女らしさ」「男らしさ」といった，社会が要求する性別による「らしさ」，すなわち性別役割といったものは，ジェンダーの概念を代表する考え方です。

こうした「らしさ」という概念は，その時代のその社会において求められている規範や理想像を示しているものと言えます。つまり，「らしさ」とは本質ではなく，あくまでも歴史的，社会的，文化的につくられた規範や理想像をベースとした「イメージ」であると言うことができるのです。

私たちは，自分の性別を生物学的な観点から自覚するのと同時に，その性別について回る「男性らしさ」「女性らしさ」といった「らしさ」の規範に即した価値観を身に付けていることが多いかと思います。生物学的に女性であったとしても，絶対に「女性らしく」する必要があるわけではありません。もちろん，男性の遺伝子を持って生まれてきたからといって「男性らしく」しなくては生きていけない，というわけでもありません。しかし，私たちの多くは，持って生まれた性別に即した「女性らしさ」「男性らしさ」を知らず知らずのうちに身に付けているのです。

2　ジェンダーの社会化

それでは「人間はどのようにして，ジェンダーの規範を身に付けていくのか」ということを「社会化」という概念をもとにして考えてみたいと思います。

子どもは生まれたときから，ジェンダーの概念に囲まれて育っていきます。たとえば，大人が生まれたばかりの赤ちゃんにベビー服を選ぶ場合，どうするでしょうか。たいていの場合，男の子には爽やかなブルーのものやシンプルなデザインのものを，女の子にはかわいらしいピンクのものやレースやフリルがついたものを選ぶことが多いかと思います。また，子どもが誕生して，名前を付ける際にも，男の子には強さやたくましさ，大きさを連想させるイメージの名を，女の子には暖かさや可憐さといったイメージの名を付けます。

子どもが成長するにしたがって，大人が子どもに与える衣類や玩具などにも，さらに性別による差が明確になってきます。服装では，男の子はシンプルで動きやすいズボンや戦隊もののキャラクター付きのＴシャツ，女の子はフリルやレースのついたかわいらしいスカート，ワンピースなどが選ばれることが多く見られます。また，おもちゃなどでは，男の子には車や飛行機，電車，ロボットなどのおもちゃ，女の子には人形やぬいぐるみ，おままごとの道具といったおもちゃを選ぶことが多く見られます。

このように，子どもが誕生した瞬間から，成長する段階に応じて，大人は子どもの性別によって異なるものを与えていることがわかります。これらはすべて，性別による「らしさ」から派生するイメージや「こうあるべき」といった規範を反映していると考えられます。男の子には，強さ，たくましさ，活発さなどを求め，女の子には，かわいらしさ，優しさ，家庭的なものを求めていると考えることができるでしょう。この裏側には，「外で働くべき男性は強く，家庭で家事・育児をするべき女性は優しくおしとやかに」といった社会通念上の性別役割による考え方があると考えられます。大人たちは，意識的にも無意識的にも，子どもたちをまず「男」と「女」のカテゴリーに分けて，それぞれにふさわしいとされているものを与えています。こうした社会や大人たちからの働きかけの積み重ねによって，子どもたちは自然なかたちで「男の子らしさ」「女の子らしさ」を意識して，自らもそれに従っていくようになるのです。

これは，まさしくジェンダーの「社会化」であると言うことができます。社会化とは，人間が生まれてから成長していく過程において，自分自身が所属する社会が求める常識，価値観，立ち居振る舞いといった「文化」を自然に身に付けることによって，自分が所属している社会を構成する一員となっていく過程のことです。このように社会が求めている価値観を身に付けた，つまりは社会化された人々によって，この社会を維持していくことができるのです。

「男性」「女性」といった性別に対して求められる規範やイメージも社会が求める文化の一部であると言えます。子どもたちは，社会の構成員である大人が求める「男らしさ」「女らしさ」を，社会化のプロセスの中で身に付けていくことになります。そして，こうしたジェンダーの社会化の結果は，子どもたちの将来の進路選択や職業に対する意識にも大きな影響を与えることになります。

3　学校における「かくれたカリキュラム」

こうしたジェンダーの「社会化」のプロセスは，学校教育のさまざまな場面においても確認できます。ここでは，学校教育の中において，インフォーマルなかたちであらわれる「かくれたカリキュラム」としてのジェンダーの社会化について具体的に見ていきましょう。

「かくれたカリキュラム（hidden curriculum）」とは，アメリカの教育学者であるジャクソン（P. W. Jackson）が提唱した概念で，学校教育の中において，必ずしも明確な教育目標として体系的なカリキュラムとして設定されていないもの，たとえば，学校の文化，空間，制度，規則，教師の言動や振る舞いが日常的な教育環境，教育活動のあらゆる場面において，知らず知らずのうちに生徒たちに教え込まれていくことを指したものです[*1]。

ジェンダーに関わる「かくれたカリキュラム」の特徴は，①「男」「女」の二分法による性別カテゴリー分け，②学校における性別役割分業，③学校組織内の不均衡，④教師—生徒間の相互作用，の４点に見ることができます[*2]。

１点目の性別カテゴリー分けで代表的なものは「名簿」を挙げることができ

＊1　Jackson, P. W.（1968）*Life In Classrooms*, Holt, Rinehart and Winston. 村木真紀・五十嵐ゆり「企業研修　ダイバーシティの視点」二宮周平（編）『性のあり方の多様性――一人一人のセクシュアリティが大切にされる社会を目指して』143～169頁。

＊2　谷田川ルミ「女の子の生きづらさ，男の子の生きづらさ」『子どもの問題行動』学文社，2010年，129頁。

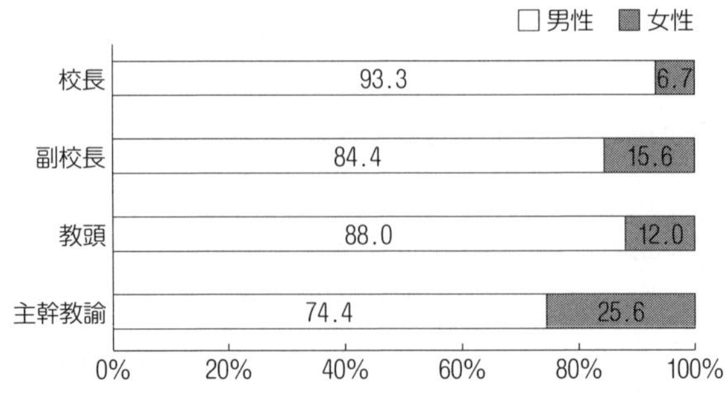

図13－1　中学校における教員の役職別男女比

出所：文部科学省「平成30年度 学校基本調査」。

ます。最近では，男女混合名簿へと移行しつつあるようですが，以前は「男子が先，女子が後」の順序で並べられていることが多く見られました。名簿だけではなく，朝礼の並び順や卒業式などでの呼名の順番など，多くの場合，男子が先となる傾向があります。教師の側では便宜的に「男子」「女子」といった括りを生徒を動かす際の便利なカテゴリーとして用いているだけかもしれませんが，日々の教育活動の中で繰り返されることによって，「男が先，女が後」という規範を生徒たちに植え付けてしまうといったことにつながりかねません。

2点目の学校における性別役割分業の事例としては，学級委員や生徒会の委員を決める際に，男子が委員長や生徒会長といったリーダー的な役割を務め，女子が副委員長や副会長というように，リーダーである男子のサポート的な役割にまわるといったケースが挙げられます。また，部活動においても，運動系の男子の部活のマネージャーは女子であることが多く，その役割も部員である男子の身の回りの世話や雑用，精神的なサポートなどであり，「男性は外で働き，女性は家庭を守る」といった性別役割分業そのものの構図となっています。

3点目の学校組織内の不均衡とは，校長や教頭といった管理職の多くが男性であり，女性の割合が少ないこと（図13－1参照），また，体育や理数系の教員は男性が多く，家庭科や英語，国語の教員は女性が多いことが指摘されています[*3]。これも，「男性が組織の上位」といったジェンダー的な規範や，理数系は男子が得意で，家庭科や英語，国語は女子が得意といった性別による特性意識を生徒たちに植え付けている可能性が考えられます。

4点目の教師と生徒の相互作用として，木村涼子は，授業中などの場面において，教師は女子よりも男子に発言の機会を多く与えていることや，「男子に厳しく，女子に甘い」態度であること，「男なんだから／女なんだから」といった発言があるといったことを，中学生を対象とした調査から明らかにしています。[＊4＊5]「女子に甘い」ということは，学校教育や労働市場の競争において生き残る，または，社会で能力を発揮して責任を果たすといった課題から女子を免除することを意味していることにつながります。[＊6]また，氏原陽子は，中学校の教師と生徒との授業中のやり取りにおいて，指名して答えさせるような場面では，教師の側が男女平等に当てるように意識していても，授業中に騒ぎがちな男子を授業に集中させるための「教師戦略」として，男子に多く話しかけたり，女性を笑いの対象とする話題を出したりして，結果的に女子は自分たちが教師から注意を向けられないこと，注意を向けられても笑いの対象としての注意であることを意識してしまうことを指摘しています。[＊7]

こうした，教師による男子と女子に対する処遇の違いからも，生徒たちは，「女らしさ」「男らしさ」の固定観念を知らず知らずのうちに身に付けていくのです。

3　ジェンダーと進路選択

1　ジェンダーと文理選択

文部科学省による2019年度の学校基本調査によると，日本全国の4年制大学に在籍する大学生のうち，女子学生は45.1％，男子学生は54.9％となっていま

＊3　河野銀子「学校教育とジェンダー」武内清（編）『子どもと学校』学文社，2010年，88～102頁。
＊4　木村涼子「ジェンダーと学校文化」『季刊子ども学』第12号，1996年，62～69頁。
＊5　木村涼子「教室におけるジェンダー形成」『教育社会学研究』61，39～54頁，1997年。
＊6　木村涼子『学校文化とジェンダー』勁草書房，1999年，35頁。
＊7　氏原陽子「中学校における男女平等と性差別の錯綜――二つの『隠れたカリキュラム』レベルから」『教育社会学研究』58，29～45頁，1996年。

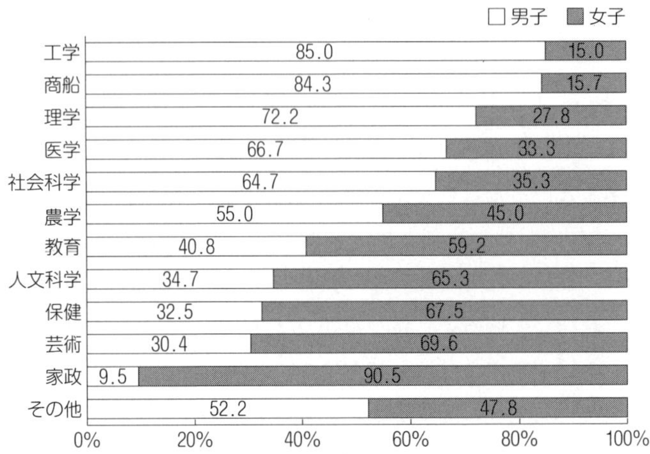

図13－2　大学に在籍する学生の専攻別男女比

出所：文部科学省「平成30年度 学校基本調査」。

す。男子のほうが女子よりも9.8%ほど多くなっているとはいえ，以前の時代に比べると男女差はだいぶ少なくなっていることがわかります。ところが，これを学部・学科の分野別に見てみると，図13－2のグラフのようになります。

男子学生の割合が多い分野としては，「工学」「商船」「理学」「医学」と続きます。たとえば「工学」は男子学生が85.0%であるのに対して女子学生は15.0%，「理学」では男子学生が72.2%，女子学生が27.8%という割合になっています。こうした理工系の学部・学科の男女比は，大学に在籍している学生全体の男女比と比べてみても，明らかに男子学生が多く，女子学生が少ないことがわかります。一方，「家政」「芸術」「保健」「人文科学」といった分野は，女子学生が多く，男子学生が少ない傾向が見られています。

学校教育は基本的に男女平等の理念で行われています。とくに教科教育においては小学校のころから，男女による差をつけた指導を行ってはいません。日本全国統一の学習指導要領のもと，男女とも同じ教科書を使い，共学校においては男女とも同じ教室で同じ教師による同じ授業を受けています。このように，男女平等の教育を受けてきたのにもかかわらず，なぜ，高校を卒業して大学に進学する段階において，このような進路の差が生じてくるのでしょうか。理由はいろいろと考えられますが，ここでは教育の場において考えられる要因に注目してみましょう。

まず家庭教育において，両親が子どもの性別によってかける期待が異なっていることがあります。男の子に対しては「将来の一家の大黒柱となれるように勉強もスポーツも頑張ってほしい」と願う一方，女の子に対しては，「勉強も大事だけど優しさや面倒見の良さが大事」と願ったりします。

学校教育の場においても，たとえば，高校の進路指導の場面において，女子生徒が文系か理系かで迷っているときや理系科目が得意でなくても理系への進学を希望していた際に「女の子なんだから文系」というようなことを先生に言われたり，男子学生が保育系や家政系の学部を希望したとすると「男子なんだから……」と経済や法学などの社会科学系の進路を薦められたりします。2020年に男女共学の高校に通う女子高校生を対象に実施された調査によると，女子高校生の24％が「学校の先生は，役割や進路などに対して，女子と男子に異なる期待をしている」と感じており，「（女子に対して）文系を勧めてくる」「進路で男の人は家族を養っていかないといけないから，収入が多いところを勧められたと聞いた」という意見が見られています[*8]。

それにしても，なぜ家庭でも学校でもこのような性別による対応の違いが発生してしまうのでしょうか。世間でよく言われるいわゆる一般論の一例として，「男子は論理的思考に優れ，女子は感情的な部分が豊かである」というものがあります。この考え方は「男子は数学が得意で女子は国語が得意」といった考え方に結びついています。また，将来の職業との関連からも「工業や科学の世界は男性，教育や看護の世界は女性」といった性別による職業イメージが存在しています。こうした性別による能力イメージの違いはとりもなおさず「男性は外で働き，女性は家で家事・育児をする」という性別役割分業と呼ばれる考え方に根差したものです。この考え方は非常に根強く私たちの意識の中に入り込んでいるため，男女平等と言われる学校教育でも，教師が無意識のうちに生

＊8　公益社団法人ガールスカウト日本連盟『「ジェンダー」に関する女子高校生調査報告書2020——声をつなぐ』2021年。

徒に対して性別によって対応を変えてしまうことが出てきてしまうことがあるのです。これも「かくれたカリキュラム」の１つであると言えます。

ここで重要なのは，「男の子だから」「女の子だから」という性別による理由で，教師の側から進路を限定してしまっていることです。女子生徒自身が「文系に行きたい！」と言っているのなら問題はないのですが，理系の進路を少しでも考えているのであれば，大学で学びたいことや将来の職業の希望を聞いたうえで，最終的に文系か理系かを決めるという方法もあるわけです。男子生徒の例についても同様です。

このような日々の家庭教育や学校教育の中における，親や教師による性別による対応の違いの繰り返しによって，いつの間にか，生徒自身の中にも「男だから理系」「女だから文系」といった意識が刷り込まれていってしまいます。それが，積もり積もった結果，性別による進路の水路づけ（＝トラッキング[＊9]）が起こってくるのです。

2　加熱と冷却

このように，学校教育の場は，「男女平等」という場でありながらも，その一方で「かくれたカリキュラム」というかたちでジェンダーによる規範が張り巡らされている場でもあります。「男子が先，女子が後」の名簿，「男子のサポート役をする女子」という役割分担，男性優位の学校組織，男子の方に期待をする教師の働きかけ，といった「かくれたカリキュラム」は，自然と女子の学習意欲や進学意欲を冷却（クーリング・アウト）させてしまいます。実際，男子に比べて女子の算数・数学に対する学習意欲の低下が小学校段階から確認されています[＊10]。さらに，2015年に行われたPISAにおける数学と理科の男女別の得

＊9　トラッキング（tracking）とは，人生の初期段階において，ある基準で振り分けられた進路によって，その後の進路選択の機会が限定されてしまい，最終的なゴールまでの経路が，あたかも水路づけられているかのように制約されること。一般的には学業成績の差異によって起こるとされているが，中西祐子によると，学校が伝達する性役割観の差異によって，女子の進路選択や将来展望が分化する「ジェンダー・トラック」も存在しているとされている。中西祐子『ジェンダー・トラック――青年期女性の進路形成と教育組織の社会学』東洋館出版社，1998年参照。

点差に注目すると，男子よりも女子のほうが数学では13.8ポイント，理科では13.6ポイント下回っていることが確認されています。[*11] このように，性別による処遇の違いによる意欲の低下によって，女子は自らの意志で大学進学を目指さなかったり，大学進学したとしても理工系の学部を避けて，家政系や保健系（看護など），または文系の学部・学科を選択したりして，「女子向き進路」へとトラッキングされていくのです。

一方，男子は，女子よりも学業達成の面においても身体的な強さにおいても，優位であることを，暗に要求されています。この背後には，「男性は外で働く」といったジェンダーの規範があり，将来，一家の大黒柱として家族を経済的に養っていくことができる職業に就くために一生懸命勉強し成果を挙げること，そして家族を守るために身体的にも丈夫で強くあることを求められています。さらに，男子は，男女間ばかりではなく，男子同士の中においての競争にもさらされています。[*12] 男子は自分自身が望む，望まざるにかかわらず，つねに意欲を「加熱」させられる傾向があります。その「加熱」についていけなかった場合，男子たちは，背負っている期待とプレッシャーが大きい分，敗北感も大きくなってしまうことも考えられます。

3 男子文化と男子のプレッシャー

ジェンダー問題を取り上げる際に，女性の不利益のみに議論が集中しがちですが，前述したとおり，ジェンダーの非対称性の中において，男子もつねに優秀で強くあるべきといったプレッシャーに直面しています。多賀太によると，男子の生きづらさには，男子 vs 女子という観点のみではなく，男子同士による「男らしさ」を軸にした競争からも生じているといいます。[*13] たとえば，スポ

＊10 伊佐夏実・知念渉「理系科目における学力と意欲のジェンダー差」『日本労働研究雑誌』56(7)，2014年，84～93頁。

＊11 谷田川ルミ「教育の機会均等をめぐって」『ダイバーシティ時代の教育の原理——多様性と新たなるつながりの地平へ』2018年，123～138頁。

＊12 伊藤公雄『男性学入門』世界思想社，1996年，104～105頁。

＊13 多賀太『男子問題の時代？ 錯綜するジェンダーと教育のポリティクス』学文社，2016年。

ーツができる，喧嘩が強いといった身体的な強さのほかに，勉強ができる，仕事ができる，リーダーになれるといった力を持っているもの，つまりは社会に出てから，経済活動をするうえで必要とされる力を持っているものこそが「真の男」として認められ，そうでないものは周縁化させられていくといったものです[*14]。「男性は外で働き，女性は家庭を守る」といった性別役割の規範は，女子が生きづらくなるといった側面が重視されがちですが，男子にとっても，女子よりも強くあるべきとされ，男子同士の中の競争にも勝たなくてはならないといったプレッシャーを背負わせてしまう概念であると言えるのではないでしょうか。

ジェンダーを考える際には，男子 vs 女子といった視点のみで見るのではなく，同性同士の中での多様性や不平等にも目を向ける必要があると考えられます[*15]。

4　性のあり方の多様性

1　「ふつう」という基準を問い直す

これまで，ジェンダーの話を進めるのにあたって，「女性」と「男性」という2つのカテゴリーを用いて説明してきました。また，「女性」と「男性」の組み合わせで家庭をつくるといったことを前提として，「男性は外で働き，女性は家庭を守る」といった性別役割分業の説明をしてきました。しかし，世の中の人々は本当に「女性」と「男性」のみのカテゴリーに押し込めていいのでしょうか。また，本当にこの世界に生きる人々は全員，男女の組み合わせで家庭をつくっていくのでしょうか。

このように聞くと，「でも，男女が対になって家庭をつくるのはふつうですよね」と問い返されそうですね。では，ここで少し「ふつう」とは何かについて考えてみたいと思います。

「ふつう」という言葉を私たちは無意識のうちによく使っています。しかし，

＊14　多賀，前掲書＊9，25頁。
＊15　多賀，前掲書＊9，30頁。

よく考えてみると，自分にとっての「ふつう」が，ほかの人の「ふつう」とは異なっていることがあります。国による文化や習慣の違いなどはその顕著な例と言えます。日本人にとって「当たり前」で「ふつう」のことであっても，異なる国の異なる文化圏から来た人にとっては驚くようなことがあります。学校の中の小さな教室の中でも，一人ひとりの子どもの家庭環境や生活習慣の違いなどから，ある生徒にとっての「ふつう」が，別の生徒にとっては「ふつう」ではないということもあります。すなわち，自分にとっての「ふつう」を疑うことなく，正しいと思い込んでいると，いろいろな事情によって異なる考え方や習慣，身体的特徴，趣味嗜好を身に付けている人たちを自分の価値観の枠の中に当てはめて評価してしまいます。これでは，相手がこれまでの人生の中で培ってきた価値観を否定してしまうことにつながってしまうことにつながりかねません。誰かにとっての「ふつう」を全員にあてはめようとすると，そこからこぼれ落ちてしまう人があらわれてしまいます。

このような観点から，性の多様性について考えていきたいと思います。

2　性の多様性と学校教育

人間は「女」または「男」の性別のみで説明できるものではなく，人種，民族，社会階層，セクシュアリティなどの属性との関係性によって，多様に分化しています。教育の場においても同様で，1つの教室の中には，多様な国籍，家庭背景，性的な趣味嗜好を持った子どもたちが勉学と生活を共にしています。近年になって，ようやく学校教育においても，性的少数者（セクシュアル・マイノリティ）の存在などが注目され始め，「性の多様性」について取り上げられるようになってきました。

性的少数者（セクシュアル・マイノリティ）とは，「性別は男と女の二種類であって，基本的に男性と女性とが対になって恋愛や結婚をする」といった「性別二元論」「異性愛主義」の規範に収まらない人々，たとえば，同性愛（Lesbian, Gay），両性愛（Bisexual），トランスジェンダー（Transgender[*16]）といった人々のことを指す言葉で，Lesbian, Gay, Bisexual, Transgender の頭文字を取った

LGBT といった表現をすることが多くなっています。学校教育の現場においても，こうしたLGBT と称される子どもたちは確実に存在しています。日高庸晴が2016年度にセクシュアル・マイノリティ当事者に対して行った調査の結果によると，いじめ経験のある割合は６割以上となっており，学校や職場で差別的な発言を経験した割合も７割を超えています[*17]。

こうした児童生徒たちへの差別や偏見をなくし，配慮をもって教育を受けられるようにという観点から，文部科学省は2010年に「児童生徒が抱える問題に対しての教育相談の徹底について」の中で，性同一性障害の児童・生徒についての配慮を要請しました。2015年には「性同一性障害に係る児童生徒に対するきめ細かな対応の実施等について」，2016年には「性同一性障害や性的指向・性自認に係る，児童生徒に対するきめ細かな対応等の実施について（教職員向け)」を公表し，配慮の範囲を性同一性障害のみならず，性的指向や性自認にまで広げるかたちで教職員の理解を促しています[*18]。一方で，いまだに教科書において，男女といった異性の組み合わせによる異性愛主義が「ふつう」であるとの前提のもとでの表現が散見されるといった問題もあり，性の多様性に対する認識の広がりには程遠い状況となっています。

このように，ジェンダーと教育を考えるに際しては，「女性」と「男性」といった２つのカテゴリー間の関係性のみに注目してしまいがちですが，世の中には性をめぐる多様な考え方，嗜好・指向，状況が存在するということを認識する必要があります。性の問題に対して，私たちが抱きがちな「ふつう」といった概念にとらわれず，人の数だけ意識や嗜好・指向があるということを理解

＊16　トランスジェンダー（Transgender）とは，自分自身が認識している性別（性自認）と身体的，遺伝子的な性別（身体的性）が一致しない状態のことを指す。性同一性障害と同一視されがちであるが，性同一性障害が医学用語で性自認と身体的性の違和に対しての治療を視野に入れた意味あいであるのに対し，トランスジェンダーは性自認と身体的性が不一致の状態そのものを指している。

＊17　日高庸晴「LGBT 当事者の意識調査～いじめ問題と職場環境等の課題～」 https://health-issue.jp/reach_online2016_report.pdf（2021年２月16日閲覧）

＊18　文部科学省「児童生徒が抱える問題に対しての教育相談の徹底について」2010年。文部科学省「性同一性障害に係る児童生徒に対するきめ細かな対応の実施等について」2015年。文部科学省「性同一性障害や性的指向・性自認に係る，児童生徒に対するきめ細かな対応等の実施について（教職員向け)」2016年。

することがこれからの学校教育の場においても重要となってくると思われます。

3　ダイバーシティ社会に向けて

この世界には，性別，人種，民族，国籍，宗教といったさまざまな属性の人々が，多様な価値観を持って暮らしています。これからの社会においては，こうした多様性をお互いに受容し，認め合おうとする「ダイバーシティ（diversity）」の考え方が重要となってきます[*19]。学校教育においても同様です。教室の中にいる多様な子どもたちの誰もが，固定化したジェンダーの概念によって進路選択の幅を狭められたり，性別二元論，異性愛主義といった社会的につくられた規範によって，差別を受けたり生きづらさを感じたりしない社会の構築を目指した教育のあり方を模索する必要があると思われます。そのためには，大人として教育者として何をすればいいのか，何ができるのかについて，我々は考え続けていく必要があるのではないでしょうか。

まとめ

冒頭でも説明したとおり，性別役割意識に基づいた，ジェンダーにまつわる「当たり前」「ふつう」といった感覚は，私たちの身近なところに埋め込まれています。この章を学んだあと，みなさんも，自分自身の日頃の行動や考え方を客観的に振り返ってみてください。自分自身がどのようなジェンダー意識を持っているのか，そしてその意識はどのようにしてつくられてきたのか。おそらく，みなさんのジェンダーについての意識が構築されてきた背景には，家庭環境，地域社会，これまでの教育環境といったみなさんを取り巻く社会の影響を大きく受けていることと思います。自分自身を振り返ることをとおして，自らを理解し，さらには人にはそれぞれ多様な考え方や生き方があることに思いを馳せてほしいと思います。

＊19　藤田由美子「はじめに」藤田由美子・谷田川ルミ（編著）『ダイバーシティ時代の教育の原理——多様性と新たなるつながりの地平へ』学文社，2018年。

 さらに学びたい人のために

○河野銀子・藤田由美子（編著）『新版　教育社会とジェンダー』学文社，2018年。

学校教育のあらゆるところに張り巡らされているジェンダー規範の諸相とその結果，起こっている現象について，カリキュラム，教材，部活動，進路選択，教員世界など，多岐にわたって解説をしています。テキストとして編集されているのでデータや法令なども豊富で読みやすく，ジェンダーと教育についての入門書としてふさわしい一冊。

○白岩玄『たてがみを捨てたライオンたち』集英社，2018年。

男性が専業主夫になることや閑職に回されること，女性からモテないことといったシチュエーションを通して，現代社会において，男性が男のプライド（＝ライオンのたてがみ）の呪縛から逃れようとして逃れられず，もがく姿が描かれています。本章で触れた「男子の生きづらさ」を理解するのに最適な一冊。

第14章
共生のための教育

学びのポイント

- 現代社会における共生の重要性を知る。
- 国際理解教育や多文化教育，開発教育，異文化間教育，インクルーシブ教育，シティズンシップ教育といった，共生に関わるさまざまな教育の特徴や実践を学ぶ。
- 多様な人々が共に生きていくための教育のあり方について，自分なりの考えを持つ。

WORK　世界がもし100人の村だったら

今，世界には約77億人の人々が住んでいます。この世界を，100人の村に縮めてみたらどうなるでしょうか？　子どもと大人は，それぞれ何人くらいずついると思いますか？　どんな言葉を話す人が，どのくらいずついるでしょうか？　宗教はどうでしょう？

大学で教育を受けている人は，何人くらいいますか？　文字が読めない人は，何人ですか？　食べ物や飲み水の足りない人は，いるでしょうか？

100人の村を世界の縮図と見立てて，世界にはさまざまな人がいることや，富の分配には偏りがあることを実感してみましょう。

① どのようなことに気が付きましたか。意外だったこと，驚いたことはありますか。

② 100人が幸せに生きていくためには，どのようなことが必要だと思いますか。

③ この村の中で，学校や教師の役割はなんでしょうか。100人が幸せに生きていくために，教育がすべきことはなんでしょうか。

参考文献：開発教育協会『ワークショップ版　世界がもし100人の村だったら　第6版』2020年。

導　入

世界には，さまざまな社会的文化的背景や身体的特徴を持つ人々が，互いに関わりを持ちながら暮らしています。そのつながりは，近年，ますます強くなっています。どんな人も，かけがえのない，ひとつきりの命をもっています。それなのに，たまたま生まれもった条件のために，十分な衣食住や教育が得られていない人たちがいます。異なる文化や生き方への無理解や偏見，攻撃は，いまだ根強く残っています。地球の資源は有限ですから，それをうまく分かちあい，ながく保っていく知恵が求められます。また，自分とは立場がちがう人と話し合い，互いに納得できる解決策を見出し，実行していく力を身に付ける必要があります。

この章では，本書のこれまでの内容もふまえて，背景や特性の異なる人々が共に生きていく，共生のための教育について考えていきましょう。

1　なぜ共生が必要なのか？

そもそも，なぜ，他の人と共に生きていくこと，すなわち共生が必要なのでしょうか？　こんなふうに単刀直入に聞かれると，答えに困ってしまうかもしれません。

でも，考えてみてください。どうして，他者と共生する必要があるのですか？　自分と考え方ややり方がちがう人とは関わらず，気の合う人とだけ暮らしたほうが気楽ではないですか？　自分に必要な人は大切にするとして，自分にとって役に立たない人，足手まといになる人は，どうして助けなくてはならないでしょうか？　自分のことですら精一杯なのに，自分だってがまんして，がんばって，なんとかここまでやってきたのに，どうして人のことまで考えなくてはならないのでしょうか？

哲学者の花崎皋平は，交通や情報の量や質が飛躍的に増大した現代では，「差異を認め合い，多様性を社会の資源とする思想と文化」がかつてなく切実に必要になっていると述べています[*1]。私たちはみな，生まれてくるために父母が必要でしたし，地域の人や教師たちに守られ，育てられて生きてきました。

日々の糧をつくってくれる農業や漁業にたずさわる人々，交通手段を支える人々，病める時に救ってくれる医療従事者など一生に一度も会うことのない人々も含め，実に多くの人々に支えられて私たちは生きています。その中には，自分とはまったく異なる人もいるでしょう。むしろ，自分と同じような人たちとだけでは，生きていけないのです。

あなたが今，着ている服や，休み時間に食べたコンビニ弁当などは，あなたがアルバイトで稼いだ給料だけでは手に入りません。背後には，その商品に直接・間接に関わったたくさんの人がいるはずです。もしも安かったのなら，日本人以外の人々も含め，低廉な労働を提供してくれた人々がいるでしょう。そして，あなたの行きつけの店にあなたのほしい商品がならんでいるような，秩序立った社会を支えている人々がいるのです。

あなたは今，幸運にも，大学で学んでいます。けれども，いつ事故に遭うか，病気になるか，わかりません。あなたのせいでなくても，あなたがどんなにがんばっていても，災害に遭うこともあるでしょう。

私たちの生活は，さまざまな人々に支えられて成り立っています。そして，あなたが幸せに暮らしたいように，他の人々もまた，幸せに暮らしたいのです。だから，共に生きていく必要があるのです。

2 共生に関わるさまざまな教育

1 国際理解教育――平和のとりでを築く

共生のための教育の必要性を人々に強く意識させたのは，皮肉なことに，第二次世界大戦でした。第二次世界大戦中，日本の軍国主義により，植民地の人々を含む日本の内外の人々に，大きな犠牲が課されました。ドイツのナチス政権でも，ユダヤ人をはじめ，障害者やセクシュアル・マイノリティの人々が迫害を受けました。力の強い人，声の大きな人が独裁し，人々が自由に話し合

＊1　花崎皋平『アイデンティティと共生の哲学』平凡社，2001年，211頁。

うことができなくなると，弱い人や少数派の人が被害に遭うだけではなく，なんの罪もない子どもや隣人たちまで災難に巻き込まれてしまうのです。

こうした悲劇を二度と繰り返さないために，1945年11月，国際連合（以下，国連）の専門機関として，ユネスコ（国連教育科学文化機関／United Nations Educational, Scientific and Cultural Organization：UNESCO）が創設されました。ユネスコ憲章の前文は，「戦争は人の心の中で生まれるものであるから，人の心の中に平和のとりでを築かなければならない」と謳っています。その理念をふまえて，ユネスコは，教育，科学，文化の協力と交流を通じて，「国際平和と人類の共通の福祉」を促進することを目的に活動しています。

ユネスコは，1974年の「国際理解，国際協力及び国際平和のための教育並びに人権及び基本的自由についての教育に関する勧告」の中で，教育が取り扱うべき問題として，諸民族の権利の平等や人種主義の根絶，平和維持などを挙げています。国際理解教育の定義はさまざまですが，およそ，「人権の尊重を基盤として，現代世界の基本的な特質である文化的多様性及び相互依存性への認識を深めるとともに，異なる文化に対する寛容な態度と，地域・国家・地球社会の一員としての自覚をもって，地球的課題の解決に向けてさまざまなレベルで社会に参加し，他者と協力しようとする意志を有する人間[*2]」の育成を目指す教育，と言うことができるでしょう。

国際理解教育は，「総合的な学習の時間」や「道徳」などの特定の教科や領域でのみ行うものではありません。どのような教科や領域でも行うことができます。たとえば，前述のユネスコ憲章は，小学校６年生の「国語」の教科書にも取り上げられています[*3]。そこでは，広島の原爆ドームが，戦争の被害を示す負の世界遺産として指定されていることが記されています。広島への修学旅行と関連させるなどして，平和について考えることができるでしょう。

また，小学校４年生の「国語」では，ランドセルをアフガニスタンの子どもたちに贈る活動が紹介されています[*4]。戦争状態が続く中，学校に通うこともま

＊2　大津和子「国際理解教育の概念と目標」日本国際理解教育学会編『現代国際理解教育事典』明石書店，2012年，14～15頁。

＊3　大牟田稔「平和のとりでを築く」光村図書『国語６年　下』（令和２年度版）。

まならない子どもたちに思いを馳せ，自分たちにできることを考えるきっかけとなるでしょう。この単元をめぐって，アメリカに住む日本の子どもたちが学ぶ補習授業校・シアトル四つ葉学院では，オンラインで作者と話し合う授業を行いました。[*5] 親の駐在や国際結婚のために，普段はアメリカの学校に通い，土曜日だけ，日本の先生や友だちと，日本の教科書を使って日本語で学ぶ子どもたちが，日本やアフガニスタンとつながった授業でした。国際理解教育は，これからの社会の担い手となる子どもたちにとって欠かせない学習なのです。

2　多文化教育――文化的多様性の尊重

国際理解教育と同じような目的を持った教育は，成立経緯や強調点によって，さまざまな名称で呼ばれています。その１つである多文化教育は，「マイノリティの視点に立ち，社会的公正の立場から多文化社会における多様な人種・民族あるいは文化集団の共存・共生をめざす教育理念であり，その実現に向けた教育実践であり教育改革運動[*6]」です。

多文化教育は，アメリカ合衆国において，マイノリティ[*7]の視点に立つことから誕生しました。「アメリカ大陸は1492年にコロンブスに発見された」と覚えている人がいるかもしれませんが，それは西洋中心的な見方です。アメリカ大陸には，それ以前から，複数の先住民族が住んでいました。コロンブス以後，ヨーロッパ大陸から多くの移民が海を渡り，アフリカ大陸から黒人が奴隷として連行され，アジア大陸からも労働者がやってきて，多文化国家・アメリカ合衆国が創られました。

しかし，アメリカ合衆国において，政治や経済の中心は圧倒的に白人[*8]で，白人と非白人との交流はかつては法律で禁止されていました。信じがたいかもし

＊4　内堀タケシ「ランドセルは海を越えて」光村図書『国語４年　上』（令和２年度版）。

＊5　公益財団法人海外子女教育振興財団「日本人学校・補習授業校応援サイト AG5」。https://ag-5.jp/report/theme4/study/detail/121（2021年７月２日閲覧）

＊6　松尾知明『多文化教育がわかる事典――ありのままに生きられる社会をめざして』明石書店，2013年，３頁。

＊7　マイノリティとは，数が少ない人々ということではなく，権力関係において相対的に弱い人々という意味。本書第12章もあわせて参照。

れませんが，つい60年前まで，アメリカ合衆国では，黒人と白人は結婚することができない州がありました。学校も海水浴場も，人種によって別々だったのです。

こうした不公正に立ち向かったのが，1960年代の公民権運動です。人種によって座席を分けるバスへのボイコット運動が発端でした。その後，“Black is Beautiful.” と黒人の価値を標榜する標語も誕生し，文化の多様性を尊重する文化多元主義あるいは多文化主義の考え方が生まれました。学校でも，白人男性ばかりの歴史を学ぶのではなく，黒人や女性の歴史も学ぶ動きが始まりました。

多文化教育では，差別を排し，公正を推進することが目指されています。衝撃的な多文化教育の実践例として，アイオワ州の小学校教師だったエリオットによる「青い目，茶色い目」の授業があります[*9]。公民権運動が社会を騒がせていた当時でも，住民のほとんどが白人であるアイオワ州においては，黒人との接触は限られており，黒人に対して偏見や差別意識を持っている子どもが少なくありませんでした。

そこで，エリオットは，あえて目の色によってクラスの子どもたちを別に扱う授業を行いました。「青い目の子は茶色の目の子のようにすぐれていないから，茶色の目の子と遊んではいけない」というように。この実践を通して，子どもたちは，身体的特徴による差別がいかに理不尽であるかを体感したのです。

こうした試みにもかかわらず，今なお “Black Lives Matter.” と訴えなくてはならない差別的事象がはびこっていることは残念です。日本においても，黒人の父を持つスポーツ選手が日常的な差別を訴えたように，対岸の火事ではありません。

いまや，外国籍児童生徒や，一方の親が日本人以外の子どもが日本の学校に在籍することは珍しくありません。これまで日本では馴染みが薄かった宗教を信じる子どもも増えています。同じ教室の中で，さまざまな文化的背景を持つ

＊8　詳しくは，イギリスなどアングロ・サクソン系で，キリスト教の中でもプロテスタントという宗派の白人，いわゆるワスプ（White Anglo Saxon Protestant：WASP）である。

＊9　この実践については映像記録があるほか，松尾（2013，前掲書）などから概要を知ることができる。

子どもたちが学んでいるのです。

多文化教育の実践は，ややもすれば，エキゾチックなフードやファッション，フェスティバルといった「３つのＦ」に触れるだけの，一過性のイベントになりがちです。そうではなく，マジョリティ[*10]を中心とした社会のあり方を批判的に問い直し，必要に応じて改善していくことが大切です。たとえば，給食ではみんなが同じものを残さず食べることが当たり前だと思っていませんか？　しかし，宗教上の理由で食べられない食材がある子どももいます。自分の文化が正しいとか優れているという自文化中心主義に陥るのではなく，異なる文化が複数あり，それぞれに道理や価値があるという，文化相対主義に立つことが肝要です。

3　開発教育からSDGsへ——持続可能な社会のために

途上国と先進国とのあいだにある格差，いわゆる南北問題や，その問題の解消のための国際協力に力点をおくのが，開発教育です。開発教育は，ケニアやタンザニアなど17か国が独立し「アフリカの年」と言われた1960年に，NGO（非政府組織／non-governmental organization）によって始められました[*11]。以来，貧困や紛争・戦争，環境破壊，人権侵害など，開発をめぐる地球的な課題の理解促進や解決が目指されています。

「持続可能な開発のための教育」（Education for Sustainable Development：ESD）は，「気候変動，生物多様性の喪失，資源の枯渇，貧困の拡大等人類の開発活動に起因する様々な問題」を，「自らの問題として主体的に捉え，人類が将来の世代にわたり恵み豊かな生活を確保できるよう，身近なところから取り組む（think globally, act locally）ことで，問題の解決につながる新たな価値観や行動等の変容をもたらし，持続可能な社会を実現していくことを目指して行う学習・教育活動[*12]」です。ESDは，2002年に日本が提唱し，国連総会にお

＊10　マイノリティの対語で，相対的に強い立場にある，社会の主流派のこと。
＊11　田中治彦「多文化共生社会におけるESD・市民教育」田中治彦・杉村美紀（共編）『多文化共生社会におけるESD・市民教育』上智大学出版，2014年，５頁。

いて2005年から2014年までが「持続可能な開発のための教育の10年」とされました。

その後，2015年に国連は，全会一致で「持続可能な開発目標」(Sustainable Development Goals：SDGs）を採択しました。「誰一人取り残さない」持続可能で多様性と包摂性のある社会を目指して，2030年を期限に，発展途上国も先進国も含めた国際社会全体で取り組む17の目標を定めています。そのなかの目標4は「教育」で，「すべての人に包摂的かつ公正な質の高い教育を確保し，生涯学習の機会を促進する」ことを掲げています。[*13]

乱開発が続けば，きれいな水や空気といった，私たちの生命を維持するための最低条件さえ保てません。安い商品を追い求めることが，誰かを不当に低い賃金で働かせたり，自然環境に強い負担をかけたりすることにつながっていることが往々にしてあります。人々を等しく尊重し，私たちの住む地球を守るために，私たち自身が考え，話し合い，行動していかなくてはなりません。

WORKで紹介した『世界がもし100人の村だったら』については，認定特定非営利活動法人・開発教育協会が，学校や地域におけるさまざまな実践を紹介しています。[*14]ワークショップをとおして，人口の集中や富の分配などがいかに偏っているかを体感することにより，自分の生活をふりかえったり，離れた地域の人々に思いを寄せたり，よりよい世界のあり方について考えたりする機会になっています。このように，世界でおきている問題に目を向け，それを自分に関連付けて捉えることが，世界を変えていくための第一歩です。

そうした気付きをふまえて，行動する若者も現れています。たとえば，矢座孟之進さんは，東京学芸大学附属国際中等教育学校に在学中に，原子力発電を考える授業をきっかけに，友人とともにさまざまな立場の人々に取材し，ドキュメンタリー映画を制作・上映しています。[*15]自ら課題意識を持って探究し，多

＊12　日本ユネスコ国内委員会「持続可能な開発のための教育（ESD：Education for Sustainable Development)」。https://www.mext.go.jp/unesco/004/1339970.htm（2021年7月2日閲覧）

＊13　外務省「持続可能な開発目標（SDGs）と日本の取組」。https://www.mofa.go.jp/mofaj/gaiko/oda/sdgs/pdf/SDGs_pamphlet.pdf（2021年7月2日閲覧）。

＊14　認定特定非営利活動法人・開発教育協会。http://www.dear.or.jp/books/book01/928/（2021年7月2日閲覧）

角的な視野を得て，思考し，行動する，頼もしい次世代が育っているのです。

4　異文化間教育——異なる文化の間で育つ

異文化間教育とは，複数の文化のあいだで展開する教育や人間形成を指します。日本で異文化間教育が注目されるようになったきっかけは，海外駐在員の親に伴われて海外で生活したあとに日本に帰国した，帰国児童生徒の存在でした。帰国生たちは，教科学習だけではなく，意見の言い方や集団行動など，日本の学校文化に関することで困難を感じることが多くありました。帰国生が珍しかった頃には，一方的に帰国生を日本のやり方に同化させようとすることもありましたが，1980年代頃からは，帰国生の特性を活かし，帰国生と一般の児童生徒とが学び合える環境づくりを目指そうとする論調が主流になりました。

在日コリアンや，日系南米人などのニューカマー，国際結婚家庭の子どもたちも，複数の文化のなかで育っています。グローバル化がすすむ今日，国内で育つ日本人の子どもも，異文化間教育と無縁ではありません。さらに，障害やジェンダーなど，国家や国籍にまつわる文化以外の多様性にも配慮が必要です。

異なる文化を持つ人々に対して，私たちはついステレオタイプで判断したり，偏見を持ったりしてしまいがちです。しかし，ちがいは特定の人や集団に貼りついているのではなく，人と人，集団と集団との関係性のなかで生じるものです。したがって，そのちがいをどのように意味づけるかは，時代や社会によって変わります。

偏見を低減するためには，対等な地位で親密に接触することや，共通の目標を目指して協働すること，制度的な支援が必要だといわれています[*16]。学校においては，教師が多文化にひらかれた態度を示し，それぞれの文化の価値を認めることが大切です。弱い立場にある子どもが声を出しやすい工夫や，小さい声

＊15　矢座孟之進「日本一大きいやかんの話」2018年。https://www.youtube.com/watch?v=RkXXivJawAQ（2021年７月２日閲覧）

＊16　加賀美常美代「グローバル社会における多様性と偏見」加賀美常美代・横田雅弘・坪井健・工藤和宏（編著）『多文化社会の偏見・差別——形成のメカニズムと低減のための教育』明石書店，2012年，27頁。

や聴きとりにくい声を拾い上げる努力も欠かせません。さまざまな文化的背景を持つ子どもたちが共に学び合う，安心で公正な環境づくりのために，教師は大きな役割を担っているのです。

5　インクルーシブ教育――包摂する社会を求めて

多様な人々が共に生きる社会を創るためには，インクルーシブ教育も重要です。インクルーシブとは，排除せずに包摂するということです。1994年の「特別なニーズ教育に関する世界会議」において採択されたサラマンカ声明は「万人のための学校」を提唱し，障害の有無を含め，さまざまな教育的ニーズを持つ人々を通常の教育システム内で教育する，インクルーシブ教育のさきがけになりました。

インクルーシブ教育を実現するためには，合理的配慮が必要となります。合理的配慮は，2006年に国連で採択され，2014年から日本でも効力を発揮している「障害者の権利に関する条約」の第2条で，次のように定義されています。

> 「合理的配慮」とは，障害者が他の者との平等を基礎として全ての人権及び基本的自由を享有し，又は行使することを確保するための必要かつ適当な変更及び調整であって，特定の場合において必要とされるものであり，かつ，均衡を失した又は過度の負担を課さないものをいう。

たとえば，車椅子を使う障害者は，階段のある会場にはアクセスできません。しかし，スロープがあれば，そこへ行って，活動に参加することができます。スロープは，障害者だけでなく，たまたま骨折して車椅子に乗っている人やキャリーバッグを持っている人にも便利です。スポーツも，環境やルールを変えることによって，障害のある人もない人も共に楽しむことができます。障害は，個人に属しているのではなく，社会が創り出していると考えると，社会が変わることによって，バリアを取り払うことができるのです。

インクルーシブ教育の理念や実態は，国によってさまざまです。障害児だけではなく，移民の子どもや貧困家庭の子ども，英才児などを含めて，特別な教育的ニーズのある子どもを幅広くとらえ，同じ空間で学ぶことを重視している国もあります。一方，日本では，特別支援学級と通常学級，特別支援学校と通常学校というように，普段は別の空間で学びつつ，折々に交流する形態が優勢です。すべての子どもが共に学ぶことと，すべての子どもが十全に学ぶこととをいかに両立させていくか，模索が続けられています。

6　シティズンシップ教育――公正な社会の形成者を育てる

シティズンシップ教育は，市民として平等に享受すべき権利を理解し，義務を履行し，社会に貢献する資質を持つ市民を育成することを目指しています。権利は，世界人権宣言や日本国憲法で謳うだけではなく，日々守り，行使していく必要があります。社会は，与えられるものではなく，自らが参画してよりよくしていくものです。

イギリスでは，2002年に「シティズンシップ」という教科を新設し，中等教育で必修にしています。日本では，選挙権年齢が18歳以上に引き下げられたことにより，政治の仕組みに関する知識の習得にとどまらず，公的な意思決定に主体的に参画する力を育てる主権者教育に注目が集まっています。また，2018年告示の高等学校学習指導要領では，「グローバル化する国際社会に主体的に生きる平和で民主的な国家及び社会の有為な形成者に必要な公民としての資質・能力」を育成することを目指して，公民科のなかに「公共」という科目が新設されました。

現代では，同じ言語や価値観を前提に国民を育成するだけでなく，自分とは異なる文化的背景を持つ人々と共に生きていく地球市民を育てることが必要になっています。国連は2012年に「地球市民」意識の醸成を重要項目の１つに挙げました。それを受けて，ユネスコはグローバルな諸問題を批判的に分析し，よりよい世界の構築のために貢献する「地球市民教育」（GCED：Global Citizenship Education）を推進しています。

第12章で学んだように，日本の学校の多文化化が進んでいます。たとえ日本を一度も出たことのない子どもであっても，これからは，海外で学んだり，働いたりする機会がますます増えていくことでしょう。外国の人が近くに住んだり，国際結婚をしたりすることも，もっと日常的になっていくでしょう。こうした中で，国家単位で考えるだけではなく，国家間の依存関係や，地球規模で起きている事象にも考慮しながら，より公正な社会を形成していく次世代を育成することが求められています。

3 共に生きる社会に向けた教育

2010年代に入ると日本では，政府，経済界，教育界が一体となった「グローバル人材」育成が叫ばれるようになりました。経済界では，「グローバル人材」とは「語学力・コミュニケーション能力」「主体性・積極性，チャレンジ精神，協調性・柔軟性，責任感・使命感」「異文化に対する理解と日本人としてのアイデンティティー」という3要素を兼ね備えた人物だとされ[*17]，政府は「世界に勝てる真のグローバル人材を育てる」ことを掲げました[*18]。スーパーグローバルハイスクール（SGH）[*19]を創設したり，国際バカロレア（IB）[*20]認定校を増加させたりして，コミュニケーション能力の向上や留学の促進，そして，グローバルマインドの育成をはかってきました。

けれども，2020年初頭からの新型コロナウイルスの世界的感染拡大は，「世界に勝てる」人材の育成以上に，共生のための教育の必要性を突き付けている

＊17　グローバル人材育成推進会議「中間まとめ」2011年。https://www.mext.go.jp/b_menu/shingi/chousa/koutou/46/siryo/__icsFiles/afieldfile/2011/08/09/1309212_07_1.pdf（2021年7月3日閲覧）

＊18　閣議決定「日本再興戦略――JAPAN is BACK」2013年。https://www.kantei.go.jp/jp/singi/keizaisaisei/pdf/saikou_jpn.pdf（2021年7月3日閲覧）

＊19　SGHは，「生徒の社会課題に対する関心と深い教養，コミュニケーション能力，問題解決力等の国際的素養を身に付け，もって，将来，国際的に活躍できるグローバル・リーダーの育成を図る」ことを目的とした高等学校教育である（スーパーグローバルハイスクール｜スーパーグローバルハイスクールとは」。http://www.sghc.jp/#section1　2021年7月3日閲覧）。SGHはその後，ワールド・ワイド・ラーニング（WWL）コンソーシアムに引き継がれている。

＊20　国際バカロレアは，「多様な文化の理解と尊重の精神を通じて，より良い，より平和な世界を築くことに貢献する」若者の育成を目指す国際教育として，1968年にスイスで始まった教育プログラム。所定の課程を経て一定以上の成績を修めると，欧米諸国の著名大学等が認可する大学入学資格を取得できる。文部科学省IB教育推進コンソーシアム「IBとは」。https://ibconsortium.mext.go.jp/about-ib/（2021年7月3日閲覧）

のではないでしょうか。人やもの，お金や情報がこれほど国境を越えて行き来している時代に，ウイルスだけを国境線で封じ込めることは不可能です。私たちはすでに，国ごとに分断したままでは生きられない社会を生きています。だからこそ，ワクチンの開発や分配をはじめ，グローバルな合意を形成し，地球全体が抱えている課題を共に解決していくことが求められているのです。

新型コロナウイルス感染症は，日本社会の中にある差別や貧困も，まざまざと見せつけました。安心して過ごす家庭環境がない子どもたちや，経済的な理由で十分な教育が受けられない子どもたちなどを置き去りにしたままでは，その子どもたちが不利益を被るだけではなく，社会全体の損失となります。

共に生きる社会を築くためには，競争のなかで勝ち抜くという短期的ビジョンではなく，社会の中でよりよい関係を築いたり，不公正な社会構造があれば変えていったりといった中長期的なビジョンが必要でしょう。たんに経済活動に対応できる「人材」を育てるのではなく，国内外で弱い立場にある人々に寄り添い，多様な背景を持つ人々が共生できる社会を形成する次世代を育てていくことが，教育の重要な役割ではないでしょうか。

まとめ

社会には，社会的文化的背景や身体的特徴などを異にするさまざまな人々が，相互に関連しながら暮らしています。そこには，対立する意見や葛藤する状況がありますが，それを暴力ではなく民主的な話し合いによって解決できるような次世代を育成することが求められています。そのために，国際理解教育や多文化教育，開発教育，異文化間教育，インクルーシブ教育，シティズンシップ教育など，それぞれ独自の成立経緯や強調点を持ちながら，共に生きる社会を目指すという点で共通したさまざまな教育が構想され，実践されてきました。人がみな相互につながっていることを意識しながら，多様な生き方を尊重する共生社会をつくっていくために，教師は重要な役割を担っているのです。

さらに学びたい人のために

○日本国際理解教育学会（編）『国際理解教育ハンドブック――グローバル・シ

ティズンシップを育む』明石書店，2015年。

国際理解教育の背景やカリキュラムを踏まえたうえで，小・中・高等学校や大学・地域での教育実践を概観できます。

○広田照幸（監修・著），北海道高等学校教育経営研究会（編著）『高校生を主権者に育てる――シティズンシップ教育を核とした主権者教育』学事出版，2015年。

シティズンシップ教育について，高等学校教員による実践と教育学者による理論とを合わせ読むことができます。

○松尾知明『多文化教育がわかる事典――ありのままに生きられる社会をめざして』明石書店，2013年。

多文化教育の歴史や理論がわかるだけでなく，本章で紹介した『青い目，茶色い目』などの画期的な教育実践を知ることができます。

コラム④

コロナ禍と学校教育

新型コロナウイルス感染症の拡大は，社会生活とともに学校での教育や生活にもさまざまな影響を及ぼしています。中原が指摘しているように「新型コロナとは長距離離走の戦いであることを覚悟」したうえで，課題を見出し，その解決を急ぐことが必要であり，そして，その「戦いのなかに希望を見出し，変化を遂げ」なければなりません[*1]。

① OECD の２つのレポート

コロナ禍において学校教育が抱える課題とそれに対する対策を考えるうえで参考になるのは，OECD が提出した次の２つのレポートです。

2020年５月に学校が再開され始めたことを踏まえて出された１つ目のレポートでは，再開にあたっての短期的戦略と，その後18～24か月間，教育システムが将来に向けたレジリエンス（強靭性）と適応力を構築するための中期的戦略という２つの時間軸を持つ必要性が指摘されています[*2]。短期的な課題とは安全を確保し，生徒の心身の健康をサポートして，学校や授業を再び軌道に乗せるように努めることを指します。そのうえで中期的には，教育システムの弱点を補強し，最も弱い立場の者を保護しなくてはならないことが指摘されています。

そのために再検討，再構築すべきポイントとして，同レポートでは，①イノベーションの活用，②新たな発想による説明責任，③「現実世界の力を思い起こす」，④最も弱い立場の者を支援する，⑤システムのレジリエンスを培う，の５つを挙げています。このうち，③では，人間とは社会的な存在であり，人と人とが触れ合う結びつきによって健やかに成長するものだという点や，デジタルと従来の知識とのバランスをとることの必要性が指摘されています。また，⑤では，危機の対処のために，学校内の各職員や保護者や児童生徒自身が，問題に対処し学習を継続させるために責任を分担し，各主体が率先して行動が起こせるようにすることの重要性が指摘されています。

また，2020年11月に OECD が出したもう１つのレポートでは，上記の④のポイントに関連して，生徒への支援における公正と包摂の観点の重要性が指摘されています[*3]。このレポートが警鐘を鳴らしているのは，コロナ禍はすべての生徒に影響を及ぼしているが，「vulnerable＝被害を受けやすい」子どもは，より大きな障壁に直面しやすいということです。「低所得やひとり親の家庭で暮らす子ども，移民や難民，エスニックマイノリティ，先住民，多様な性的アイデンティティや志向性を持つ子ども・若者，ならびに特別な支援を要する者は，学習の機会を奪われたり，食事の提供など学校や関係機関からの社会的・情緒的なサポートを受けにくくなる傾向が強い。彼らは休業中に学習が遅れがちとなり，孤立しがちとなる」（筆者訳）と記されています。そのうえで，教育の公正と包摂のために，国が十分な手段を講じる必要性が説かれています。

②　文部科学省の対応策について

文部科学省も，2020年５月に学校の衛生管理の観点から対応マニュアルを作成しました。「学校の新しい生活様式」という副題がつけられたこのマニュアルは随時更新され，2020年12月に第５版が出されています[*4]。これはそれぞれの時点での感染状況を踏まえた短期的課題への対応を謳ったもので，第５版では，学校における感染拡大のリスクを可能な限り低減して学校運営を継続していくための，地域の感染状況に応じた行動基準，教育委員会や学校の役割，具体的な活動場面ごとの感染症予防対策等が説明されています。

また，2020年６月には，コロナ禍の影響が長期化することを前提にして，コロナ禍における児童生徒の「学びの保障」についての基本的な考え方や支援策をまとめた「学びの保障総合対策パッケージ」が取りまとめられました[*5]。基本的な考え方としては，以下の４点が挙げられています。①臨時休業中も，学びを止めない，②速やかに，できるところから学校での学びを再開する，③あらゆる手段を活用し，学びを取り戻す，④柔軟な対応の備えにより，学校ならではの学びを最大限確保。このうち，③の具体策としては，「時間割編成の工夫，長期休業期間の見直し，土曜日の活用，学校行事の重点化」などが挙げられています。また，④の学びの最大限の確保のために，「教育課程の見直しや ICT 環境整備」が提案されています。

文科省から出されたこれらの２つの対応策を，OECD の２つのレポートで示された観点に照らしてみると，教育システムのレジリエンスを中期的に高めるための方策についてほとんど触れられていないことがわかります。また，文科省の対策は児童生徒がおしなべて被るリスクへの対応として記されており，弱い立場の者に対する保護という視点が不明瞭です。これらの課題を不断に見直して，配慮の行き届いた対策を講じることが求められています。

注

＊1　中原淳「ポスト・コロナの働き方と学校」『教職研修』編集部（編）『ポスト・コロナの学校を描く』教育開発研究所，2020年。

＊2　OECD「教育を形成するトレンド スポットライト21 コロナウイルス特集：学校再開に向けて」。

＊3　OECD (2020) “The impact of COVID-19 on student equity and inclusion: supporting vulnerable students during school closures and school re-openings.”

＊4　文部科学省「学校における新型コロナウイルス感染症に関する衛生管理マニュアル～『学校の新しい生活様式』～（2020. 12. 3 Ver. 5）」。

＊5　文部科学省初等中等教育局「新型コロナウイルス感染症対策に伴う児童生徒の『学びの保障』総合対策パッケージ【詳細版】」2020年。

《監修者紹介》

汐見稔幸（しおみ　としゆき）

現　在　東京大学名誉教授。

奈須正裕（なす　まさひろ）

現　在　上智大学教授。

《執筆者紹介》（執筆順，担当章）

酒井　朗（さかい　あきら）はじめに，第1章，第7章，第9章，第11章，コラム④

編著者紹介参照。

本田伊克（ほんだ　よしかつ）第2章

現　在　宮城教育大学教授

主　著　『教育社会学　第二版』（共著）学文社，2019年。

『検証・全国学力調査――悉皆式を止め，抽出式で3年に一度で』（共著）学文社，2021年。

大多和直樹（おおたわ　なおき）第3章

現　在　お茶の水女子大学准教授

主　著　『高校生文化の社会学――生徒と学校の関係はどう変容したか』有信堂高文社，2014年。

『放課後の社会学』北樹出版，2014年。

川口俊明（かわぐち　としあき）第4章，コラム①

現　在　福岡教育大学准教授

主　著　『全国学力テストはなぜ失敗したのか――学力調査を科学する』岩波書店，2020年。

「学力調査の政治」『教育社会学研究』106，2020年。

川村　光（かわむら　あきら）第5章，コラム②

現　在　関西国際大学教授

主　著　『教育社会学への招待』（共著）大阪大学出版会，2010年。

『教師の学習と成長――人間教育を実現する教育指導のために』（共著）ミネルヴァ書房，2021年。

谷川夏実（たにがわ　なつみ）第6章，第9章

現　在　明治学院大学助教

主　著　『保育者の危機と専門的成長――幼稚園教員の初期キャリアに関する質的研究』学文社，2018年。

『教育発達学の展開――幼小接続・連携へのアプローチ』（共著）風間書房，2020年。

保田直美（やすだ　なおみ）第８章

現　在　関西大学非常勤講師

主　著　『臨床文化の社会学――職業・技術・標準化』（共著）昭和堂，2005年。

『教育社会学』（共著）ミネルヴァ書房，2019年。

林　明子（はやし　あきこ）第10章，コラム③

現　在　大妻女子大学講師

主　著　『生活保護世帯の子どものライフストーリー――貧困の世代的再生産』勁草書房，2016年。

『大人になる・社会をつくる――若者の貧困と学校・労働・家族』（共著）明石書店，2020年。

知念　渉（ちねん　あゆむ）第12章

現　在　神田外語大学講師

主　著　『〈ヤンチャな子ら〉のエスノグラフィー――ヤンキーの生活世界を描き出す』青弓社，2018年。

『現場で使える教育社会学――教職のための「教育格差」入門』（共著）ミネルヴァ書房，2021年。

谷田川ルミ（やたがわ　るみ）第13章

現　在　芝浦工業大学教授

主　著　『大学生のキャリアとジェンダー――大学生調査にみるキャリア支援への示唆』学文社，2016年。

『理系教職のための教育入門』（共編著）学文社，2018年。

渋谷真樹（しぶや　まき）第14章

現　在　日本赤十字看護大学教授

主　著　『異文化間に学ぶ「ひと」の教育』（共著）明石書店，2016年。

『海外で学ぶ子どもの教育――日本人学校，補習授業校の新たな挑戦』（共著）明石書店，2020年。

《編著者紹介》

酒井　朗（さかい　あきら）

現　在　上智大学教授

主　著　『進学支援の教育臨床社会学——商業高校におけるアクションリサーチ』（編著）勁草書房，2007年。

『教育臨床社会学の可能性』勁草書房，2014年。

アクティベート教育学③

現代社会と教育

2021年10月30日　初版第１刷発行　〈検印省略〉

定価はカバーに
表示しています

監修者　汐見稔幸
　　　　奈須正裕

編著者　酒井　朗

発行者　杉田啓三

印刷者　江戸孝典

発行所　株式会社　ミネルヴァ書房

607-8494　京都市山科区日ノ岡堤谷町１
電話代表　(075)581-5191
振替口座　01020-0-8076

共同印刷工業・新生製本

ISBN978-4-623-09247-5
Printed in Japan